Hans Hollerweger

Den Dank vervielfachen

Warum Messe feiern?

Heiligenkreuz 2017

Be&Be

Hans Hollerweger

Den Dank vervielfachen

Warum Messe feiern?

Be&Be-Verlag: Heiligenkreuz 2017
ISBN 978-3-903118-41-6

Be&Be

© Be&Be-Verlag Heiligenkreuz im Wienerwald,
www.klosterladen-heiligenkreuz.at
Direkter Vertrieb:
Klosterladen Stift Heiligenkreuz
A-2532 Heiligenkreuz im Wienerwald
Tel. +43-2258-8703-400
E-Mail: bestellung@klosterladen-heiligenkreuz.at

Coverbild: Hans Hollerweger
Gestaltung: AugstenGrafik, www.augsten.at
Druck: Printed in EU 2017.

Hans Hollerweger

Den Dank vervielfachen

Warum Messe feiern?

Inhaltsverzeichnis

Abkürzungen

AL	Papst Franziskus: Enzyklika „Amoris laetitia" vom 19. März 2016.
CDom	Papst Johannes Paul II.: Schreiben „Cena Domini" vom 24. Februar 1980.
DC	Papst Benedikt XVI.: Enzyklika „Deus caritas est" vom 25. Dezember 2005.
EG	Papst Franziskus: Enzyklika „Evangelii gaudium" vom 24. November 2013.
GLÖ	Gotteslob 2013, Anhang für Österreich.
GROM	Grundordnung des Römischen Messbuchs.
GS	II. Vatikanisches Konzil: Pastoralkonstitution „Gaudium et spes".
HG	Hochgebet.
LG	II. Vatikanisches Konzil: Dogmatische Konstitution über die Kirche „Lumen gentium".
PEM	Einführung in das Messlektionar.
RH	Papst Johannes Paul II.: Enzyklika „Redemptor Hominis" vom 4. März 1979.
SC	II. Vatikanisches Konzil: Konstitution über die heilige Liturgie „Sacrosanctum Concilium".
VQA	Papst Johannes Paul II.: Schreiben zum 25. Jahrestag der Liturgiekonstitution „Vicesimus quintus annus" vom 4. Dezember 1988.

Vorwort

Wofür hat Jesus beim Letzten Abendmahl die Eucharistie eingesetzt? Doch für uns! – Damit wir von der Messe *etwas haben.* Darf man denn so fragen? Wenn wir jedoch in jeder Messe hören: „Das ist der Leib, der *für euch* hingegeben wird; das ist das Blut, das *für euch* vergossen wird“, hat diese Frage ihre Berechtigung. Vielleicht wird in der Verkündigung darauf kaum eingegangen; oder die Messe wird vor allem theologisch erschlossen ohne zu sagen, was ihre Feier für unser Leben bedeutet und weshalb sie jeder Christ braucht, um sein Leben gemäß dem Glauben an Jesus Christus zu gestalten und zu einem guten Ende zu bringen. Sie ist die Mitte des christlichen Lebens!

Daher möchte ich in diesem Buch die Messe, das zentrale „Geheimnis des Glaubens“, nicht *von oben* – von der Einsetzung Jesu her – zu erschließen versuchen, sondern *von unten,* also von der Existenz des Menschen ausgehend. Auf diese Weise wird offenkundig, wie wunderbar Jesus durch die Stiftung des eucharistischen Gedächtnismahles auf die Grundfragen des Menschen eine erlösende und befreiende Antwort gegeben hat. Wenn man vom menschlichen Leben ausgeht wird deutlich werden, weshalb uns die Kirche Sonntag für Sonntag zur Mitfeier der Messe einlädt!

Für mich war dieser Weg zum Verständnis der Messe ein längerer Prozess von den gewohnten theologischen Ansätzen zu einer Deutung hin, die den Menschen zum Ausgangspunkt nimmt. Trotz der unerschöpflichen Fülle der Messe bin ich bestrebt, das Anliegen möglichst verständlich darzustellen. Die zentralen Geheimnisse unseres Glaubens sind einfach! Das Ziel muss sein, dass jeder Gläubige, dem die Messe etwas bedeutet, das „Geheimnis des Glaubens“ sich zu Eigen machen und nachvollziehen kann.

Mein Anliegen ist nicht die Gestaltung der Messfeier. Sie ist so verschieden wie die Situationen in den Gemeinden und Gemeinschaften verschieden sind. Deshalb wird auf die einzelnen Elemente der Messe, soweit sie nicht für die Erschließung ihres Inhalts von Bedeutung sind, nicht eingegangen.

Ich danke Herrn Professor Winfried Haunerland/München für manche Anregung und Frau Christine Eckmair für die Mühe der Korrektur!

Ich hoffe, einen Beitrag zum Verständnis der Messe anzubieten und damit dem „Geheimnis des Glaubens“ zu dienen.

Hans Hollerweger

Einleitung

Den Gipfel eines Berges kann man auf verschiedenen Wegen erreichen: Bergwanderer wählen den Normalanstieg; sie wollen sicher sein und ohne Schwierigkeiten und Überforderungen den Gipfel erreichen. Bergsteiger wählen anspruchsvollere Steige, die nicht so überlaufen sind und meist in kürzerer Zeit zum Ziel führen. Kletterer freuen sich über einen griffigen Grat oder eine griffige Wand. Aber alle wollen dasselbe Ziel erreichen, für das sie sich entschieden haben. Die Aussicht vom Gipfel ist der verdiente Lohn für die Mühen und die Bergkameradschaft ihre Freude. Aber kein Bergwanderer, kein Bergsteiger und kein Kletterer kann sagen: Mein Weg war der Richtige, denn der gewählte Anstieg muss der Kraft und der Ausdauer entsprechen.

Verschiedene Zugänge

Die Liturgie, vor allem die Messe als deren Mitte, ist „der Höhepunkt, dem das Tun der Kirche zustrebt" (SC 10). So gleicht sie einem Berg, dessen Gipfel auf verschiedenen Wegen erreicht werden kann. Manche Christen feiern sie gewohnheitsmäßig mit; anderen ist sie als bewusster Ausdruck ihres Glaubens ein anspruchsvolleres Geschehen; schließlich streben wieder andere nach einem tieferen Verständnis und wollen Christus intensiver begegnen und aus der Feier der Messe ihr Leben gestalten. Letztere entscheiden sich gleichsam für einen Grat und scheuen keine Mühe – und werden reichlich belohnt. Ebenso werden Kinder oder Jugendliche einen anderen Zugang zur Feier der Messe und zu ihrem Verständnis haben wie ein Mensch in höherem Alter. Der junge Mensch findet eher über das Erleben der Gemeinschaft einen Sinn in der Mitfeier der Messe, während ältere Menschen eher in Dankbarkeit daran teilnehmen. Die Messe ist für alle Gläubigen der Höhepunkt des christlichen Glaubens, den zu erreichen alle Getauften und Gefirmten eingeladen sind. Ihr Reichtum erschließt sich nicht von selbst. Wie der Bergsteiger ein Training braucht, so bedarf es eines lebenslangen Bemühens, ihre spirituelle Fülle und den Mehrwert für das Leben zu begreifen.

Die urchristlichen Namen – verschiedene Wege

Schon die Namen der Messe, mit denen sie in der urchristlichen Zeit benannt wurde, machen uns aufmerksam, dass es verschiedene Zugänge zu ihrem Verständnis gibt:

- In der Apostelgeschichte wird die Messe *Brotbrechen* genannt. Das Teilen des Brotes hat die versammelten Christen offensichtlich an das eindrucksvolle Brotbrechen Jesu erinnert, an dem die beiden Jünger von Emmaus den auferstandenen Herrn erkannt hatten (vgl. Lk 24,35). Im Teilen des Brotes erlebten sie die Gemeinschaft, die im Glauben an ihn begründet war.
- Dieselbe Zusammenkunft bezeichnet der Apostel Paulus als *Herrenmahl,* wodurch die Gegenwart des erhöhten Herrn inmitten der Teilnehmer und das Gedächtnis an ihn ausgedrückt wurden.

- Noch in urchristlicher Zeit, als sich allmählich eine vom Sättigungsmahl eigenständige Gestalt der Messe herausgebildet hatte, nennt man sie *Eucharistie – Danksagung.* Mit dieser Bezeichnung wird eher das Tun der christlichen Gemeinde betont: ihre von Dank erfüllte Antwort auf die Gnade Gottes, der sie „aus der Finsternis in sein wunderbares Licht gerufen hat" (1 Petr 2,9).

In späterer Zeit wird der heute am häufigsten verwendete Name *Messe – Sendung* üblich. *„Ite, missa est"* ist ja in der Feier in lateinischer Sprache nach wie vor der Ruf, mit dem die Gläubigen entlassen und gesendet werden. Wörtlich: „Geht, es ist Sendung!"

So zeigt uns schon das Leben der urchristlichen Gemeinden, dass es verschiedene Wege gibt, um uns dem Gehalt der Messe zu nähern, der bereits in diesen drei Namen Brotbrechen, Herrenmahl und Eucharistie vorgegeben ist. Auf diesen Befund wird auf den Seiten 35–39 genauer eingegangen werden.

Schwierigkeiten der Erschließung

Warum wird *in* der Messe nur selten *über* die Messe gesprochen? In der Homilie soll ja nicht nur auf die Schriftlesungen, sondern ebenso auf die Teile der Messe eingegangen werden, besonders auf das Hochgebet, aus dem vor allem der geistliche Gehalt der Eucharistie erschlossen werden kann. Hin und wieder stellt man fest und beklagt, dass die Gläubigen vor der Erneuerung, die das Zweite Vatikanische Konzil in die Wege geleitet hat, über die Messe besser informiert waren, als dies gegenwärtig der Fall ist.

Dazu trägt vermutlich auch das Missverständnis bei, dass es durch die Feier in der Volkssprache keiner weiteren Erklärung bedarf, weil die Texte ohnehin verständlich seien. Es ist keine Frage, dass man bei einer Liturgie in fremder Sprache eher zur Erklärung der Texte und des Ablaufes der Feier genötigt wird. Doch bleibt die Messe auch als Feier in der Volkssprache ein *Geheimnis des Glaubens*, das es zu erschließen gilt. So ist etwa der Aufruf „Lasset uns danken dem Herrn, unserem Gott" jedem Mitfeiernden voll und ganz verständlich; die dahinter liegende spirituelle Tiefe muss aber in der Verkündigung erschlossen werden. Daher ist die Verständlichkeit der Texte bloß eine bessere Voraussetzung, für die wir dankbar sind, nicht aber ein Ersatz für die Erschließung des Mysteriums.

Ein neues Kirchenverständnis führt zu einem neuen Verständnis der Messe

Der Wechsel von der durch das Konzil von Trient geprägten Theologie der Messe als *Erneuerung des Kreuzesopfers* zu einer neuen, durch das Zweite Vatikanische Konzil vorgegebenen Theologie mag zu Unsicherheiten geführt haben. Ebenso brachte die Darstellung der Kirche als *Volk Gottes*, das sich in der Messe als Gemeinschaft verwirklicht, auch für ihr Verständnis neue Aspekte, die jedoch zum Urgestein des Gemeindelebens in der Urkirche gehören. Auch die *Gegenwart Jesu Christi* in der Feier der Liturgie wurde durch ein in der Bibel grundgelegtes Verständnis von *Gedächtnis* auf neue Weise erschlossen. Der *Tisch des Wortes* wurde reichlicher gedeckt, wodurch die Einheit von Wort Gottes und Eucharistie neu bedacht werden muss. Es darf daher nicht überraschen, wenn für die spirituelle Erschließung der Messe manche Unsicherheiten aufgetaucht sind, die es mit sich brachten, dass man trotz der Notwendigkeit kaum darüber spricht.

Ebenso ist die Bedeutungsfülle der Messe eine Herausforderung. Daher kann man ihren Gehalt, wie schon gesagt, auf verschiedenen Wegen erschließen. Diese Fülle kann aber auch verwirren und zu vielfachen und komplizierten Erklärungen führen. Das Vermächtnis des Herrn ist von ihm selbst vorgegeben; wir können zu ihm nur Zugänge suchen.

Deshalb hat Papst Johannes Paul II. (1978–2005) gefordert: „Die dringendste Aufgabe ist die biblische und liturgische Bildung des Volkes Gottes, der Hirten und der Gläubigen ... Dies ist eine Arbeit, die langen Atem braucht, und die in den Seminaren und den Bildungsstätten beginnen und durch das ganze priesterliche Leben sich fortsetzen muss. Dieselbe Bildung, ihrem Stand angemessen, ist auch unentbehrlich für die Laien, umso mehr als diese in vielen Regionen dazu aufgerufen werden, immer höhere Verantwortungen in der Gemeinschaft zu übernehmen" (VQA 15).

Unsere Schritte zum Verständnis der Messe

1. Welcher Weg soll beschritten werden? Wie schon angedeutet: Wir folgen den Bergsteigern, die den Aufstieg zum Gipfel am Fuß des Berges beginnen und von dort aus den Gipfel erreichen wollen. So soll auch der Weg, den wir zum Verständnis der Messe einschlagen, *unten* beginnen, beim Menschen: Was

bedeutet für ihn seine verdankte Existenz? Wie bewältigt er sein Leben im Ablauf der Zeit? Der Mensch lebt auch nicht allein auf dieser Welt, sondern in Gemeinschaft. Wie kann er das Miteinander verwirklichen? Der Christ hat als Antwort auf diese fundamentalen Fragen ein Leitbild: Jesus Christus.

2. Daher ist ein zweiter Schritt die Antwort, die Jesus als wahrer Gott und wahrer Mensch durch sein Leben, vor allem aber durch seinen Tod und seine Auferstehung, auf die Grundfragen des Menschen gegeben hat. Er ist *für uns* Mensch geworden, hat *für uns* gelebt, ist *für uns* gestorben und auferstanden und ist in seiner Himmelfahrt heimgekehrt zu seinem himmlischen Vater, um *für uns* einzutreten. In Verbindung mit ihm können wir die Antwort auf die Fragen finden, die uns im tiefsten Grund unseres Seins bewegen.
3. Das christliche Leben wird sakramental grundgelegt durch die Initiationssakramente Taufe, Firmung und Eucharistie. Sie sind das Angebot der Kirche, um Christ zu werden und die Hilfe, um als Christ zu leben. Deshalb dauert durch diese Sakramente fort, was Jesus Christus für den Menschen sein wollte. Diese drei Sakramente müssen als eine Einheit gesehen werden, weil in Taufe und Firmung einmalig grundgelegt wird, was in der ständigen Wiederholung der Messe weitergeführt wird. So hat Jesus die Messe beim Letzten Abendmahl *für uns* gestiftet, um nicht nur durch sein Wort, sondern auch durch ein Sakrament unser christliches Leben

zu begleiten und in seinem Geist zu formen. Die Sakramente, also auch die Eucharistie, sind für den Menschen da!

4. Ein eigener Abschnitt wird der Gegenwart Christi in der Messe gewidmet. Der Glaube an seine Gegenwart ist die Voraussetzung und die Grundlage für ihr Verständnis, ihre Würde und ihre Bedeutung für den Menschen. Das Zweite Vatikanische Konzil hat die Gegenwart Christi für alle liturgischen Handlungen betont: „Um dieses große Werk (der Erlösung) zu verwirklichen, ist Christus seiner Kirche immerdar gegenwärtig, besonders in den liturgischen Handlungen" (SC 7).
5. Im Hauptteil wird die Messe als Dank (Eucharistie), Gedächtnisfeier (Memoria) und Gemeinschaft (Communio) dargestellt und dieser Inhalt aus der Feier selbst, ihren Worten und Handlungen, erschlossen. In diesem Abschnitt wird versucht, die Messe als Antwort auf die Grundfragen der menschlichen Existenz darzulegen.

Warum dieser Buchtitel „Den Dank vervielfachen?"

Aller Dank ist eine Reaktion auf empfangene Liebe und setzt diese voraus. Die Liebe Gottes ist unbegreiflich groß, kommt uns immer entgegen und ist menschlichem Wollen und Handeln immer voraus. Jesus hat uns die Liebe des Vaters erschlossen und bittet ihn, dass diese Liebe in uns sei (vgl. Joh 17,26). Sie zu beantworten und im Dank zu erwidern ist die ständige Einladung an uns. *Den Dank vervielfachen* bedeutet also nichts anderes, als die unfassbare Liebe und Menschenfreundlichkeit des himmlischen Vaters tiefer zu erkennen und darauf mit vermehrtem Dank zu antworten.

Woher stammen diese Worte?

Die Formulierung „Den Dank vervielfachen“ stammt aus dem zweiten Brief des Apostels Paulus an die Korinther (vgl. 2 Kor 4,15). Zu beachten ist, in welchem Zusammenhang diese Aufforderung steht. Paulus berichtet von seiner Gemeinschaft mit Christus im Leiden: Er wird in die Enge getrieben, er weiß weder aus noch ein, er wird gehetzt und niedergestreckt, er trägt das Todesleiden Jesu an seinem Leib. In diesen Bedrängnissen verzagt er nicht, sondern vertraut dennoch, dass Jesus Christus ihn auferwecken und vor sein Angesicht stellen wird. In seiner tiefen Verbindung mit der Gemeinde von Korinth bezieht er alle ertragenen Leiden auf die dortigen Christen: „Alles tun wir euretwegen, damit immer mehr Menschen aufgrund der überreich gewordenen Gnade *den Dank vervielfachen,* Gott zur Ehre.“ Für Paulus sind die äußeren Leiden eine Gnade, die zur inneren Erneuerung führen. Er betrachtet „die kleine Last der gegenwärtigen Not“ als Gewinn, der „in maßlosem Übermaß“ ewige Herrlichkeit verschafft (vgl. 2 Kor 4,7–18). Deshalb fordert er die Gläubigen von Korinth zu *vervielfachtem Dank* auf.

1.
Der Mensch in seiner Existenz

Die Kirche ist kein Selbstzweck, sie ist in der Nachfolge Jesu für die Menschen da. Eindeutig hat dies Papst Johannes Paul II. in seiner ersten Enzyklika festgeschrieben: „Alle Wege der Kirche führen zum Menschen. Der Mensch in der vollen Wahrheit seiner Existenz, seines persönlichen und zugleich gemeinschaftsbezogenen und sozialen Seins, dieser Mensch ist der erste Weg, den die Kirche bei der Erfüllung ihres Auftrags beschreiten muss. Er ist der erste und grundlegende Weg der Kirche, ein Weg, der von Christus selbst vorgezeichnet ist und unabänderlich durch das Geheimnis der Menschwerdung und der Erlösung führt ... Da also der Mensch der Weg der Kirche ist, der Weg ihres täglichen Lebens und Erlebens, ihrer Aufgaben und Mühen, muss sich die Kirche unserer Zeit immer wieder neu die ‚Situation' des Menschen bewusst machen" (RH 14).

Diese deutlichen Worte geben auch die Richtung für die Messe an, in der sich die Kirche darstellt und verwirklicht. Vor allen anderen Tätigkeiten soll in ihrer Feier der Weg zum Menschen gesucht werden, den Christus als Erlöser der Menschen vorgegeben hat.

In welcher Hinsicht bedarf der Mensch einer Erlösung? Hat er existentielle Fragen, die nur im Glauben an Jesus Christus eine überzeugende Antwort finden?

Wenn ja, dann müssen wir zuerst diese Fragen stellen und sie in einem weiteren Schritt in Beziehung zu Jesus Christus bringen.

Was bestimmt den Menschen grundlegend?

Das Leben des Menschen wird von vielen Faktoren bestimmt: von seiner Herkunft und seiner Entwicklung, von guten und schlechten Zufällen, von Erfolg und Misserfolg, von Gesundheit und Krankheit; jedes Leben läuft anders ab und ist von einer je eigenen Umgebung mitbestimmt. Was aber sind die grundlegenden Befindlichkeiten, die jedes Leben betreffen?

Es gibt kein Leben, das aus sich selbst existiert, es hat seine Existenz von einem vorausgehenden Lebewesen. Ebenso ist alles Leben hineingenommen in den Ablauf der Zeit und damit in den Wandel, es hat also ein Ablaufdatum. Nichts existiert für sich allein, es braucht eine entsprechende Umgebung: ein passendes Klima, eine seiner Eigenart angepasste Umwelt und der Mensch braucht eine ihn umgebende Gemeinschaft.

Die grundlegenden Situationen des Menschen lassen sich daher in drei Aspekte zusammenfassen:

- Der Mensch existiert nicht aus sich selbst, *er verdankt sich,*
- sein Leben ist in den *Ablauf der Zeit* und damit in den Wandel hineingestellt,
- er lebt im „Raum" der Gemeinschaft.

1.1 Der Mensch verdankt sein Leben

Dank ist erwiderte Liebe. Man dankt, wenn man in irgendeiner Weise beschenkt worden ist. „Dankbarkeit ist die liebende Zurückwendung zu dem, der seine Liebesgesinnung kundgetan hat, und die Bereitschaft, ihm mit herzlicher Güte zu antworten" (Alfons Auer). Deshalb ist Dank häufig mit Freude, Lob und Festlichkeit verbunden. So wird den Eltern, die uns das Leben geschenkt und Liebe erwiesen haben, bei gegebenem Anlass in Dankbarkeit gratuliert. Bei besonderen Anlässen, etwa nach einer guten Ernte, kann der Dank darüber hinaus zur gemeinsamen Festlichkeit werden.

Dankbarkeit ist menschlich

Dankbarkeit ist eine der schönsten und eigentlich selbstverständlichsten Gesinnungen des Menschen. Oft sagen ältere Menschen: „Jeder Tag ist ein Geschenk!" Ist nicht das Leben wesenhaft und in allen Phasen seiner Existenz ein Geschenk? Es gibt kein Leben, das aus sich selbst existiert, vielmehr verdankt jedes Leben sein Dasein einem voraus existierenden Leben: die Flechte, die an einem Felsen haftet, die Blume in der Wiese, das Tier und ebenso der Mensch – sie alle haben ihr Dasein geschenkt bekommen, sie existieren nicht aus sich selbst, sondern verdanken ihre Existenz. Jedoch allein der Mensch kann sich seines verdankten Seins bewusst werden. Er schuldet es sich selbst, denen seine Dankbarkeit zu zeigen, die ihm das Leben geschenkt haben. Schon den Kindern lehrt man, als eine der ersten Worte *Bitte* und *Danke* zu sagen. Doch soll die Dankbarkeit das ganze Leben als Grundhaltung bestimmen. Auch wenn jemand sein Leben verfluchen würde – er verdankt es dennoch. Wie Wolken die Sonne verdecken kann auch die Last des Lebens die Lust zum Danken verdrängen.

Auch wie wir sind, unsere Neigungen und Fähigkeiten, verdanken wir vor allem unseren Vorfahren. Wir tragen ein Erbe in uns, das uns als Mitgift übereignet wurde und in vieler Hinsicht unser Leben bestimmt. Es kann freilich auch ein schlechtes Erbe sein, mit dem man im Leben zurechtkommen muss.

Aber nicht nur das Leben selbst, sondern auch sein Fortbestand ist ständig an Faktoren gebunden, von denen seine Existenz abhängt und die der Mensch gleichsam als Geschenk empfängt. Er ist abhängig von der Außenwelt: Ohne Unterbrechung *schenkt* ihm die Natur den Sauerstoff der Luft; tatsächlich ist seine Existenz gefährdet, würde die Luft längere Zeit fehlen. Die Natur *schenkt* ihm die Nahrung, die er benötigt, um das Leben zu erhalten und Kraft und Gesundheit zu haben. Ebenso *schenkt* ihm die Natur die Grundstoffe für die Kleidung, die er sich zu seinem Schutz anfertigt. Daher ist für den Menschen die Sorge um eine gesunde Umwelt keine Nebensache, er ist in vielfacher Hinsicht auf sie angewiesen und verdankt ihr ständig sein Leben.

Was macht das Leben lebenswert?

Materielle Güter allein führen nicht zu einem erfüllten Leben; geistige Werte sind es, die vor allem das Leben lebenswert machen: Freude, die man teilt, Geborgenheit, die gleichsam umhüllt, Gerechtigkeit und Frieden, die einen sicheren Stand geben, wahre Liebe, die man nicht fordern kann, sondern vom Mitmenschen geschenkt bekommt, und viele andere geistige Werte, die zu einem glücklichen Leben gehören. Der Mensch kann nur die Voraussetzungen für diese Werte schaffen: Er muss seinen Teil beitragen und auch selbst ein Schenkender sein. „Im normalen Leben wird es einem gar nicht bewusst, dass der Mensch unendlich mehr empfängt, als er gibt, und dass Dankbarkeit das Leben erst reich macht. Man überschätzt leicht das eigene Wirken und Tun in seiner Wichtigkeit gegenüber dem, was man durch andere geworden ist“ (Dietrich Bonhoeffer).

Geschenkte Freiheit

Die Gabe, die jedem Menschen eigen ist und die zu seiner Würde gehört, ist die Freiheit. Als Geschöpf mit freiem Willen ist er geschaffen worden und niemals nimmt Gott zurück, worin der Mensch in hohem Maß sein Ebenbild ist. Daher gehört sie zum Wesen des Menschen und ist im Grunde von äußeren Umständen unabhängig. Die Freiheit kann ihm aber ebenso zum Problem werden. Vor welchem Abgrund der Mensch in seiner Freiheit stehen kann, beschreibt Paulus im Brief an die Römer: „Ich tue nicht, was ich will, sondern das, was ich hasse ... Denn ich tue nicht das Gute, das ich will, sondern das Böse, das ich nicht will ... Denn in meinem Inneren freue ich mich am Gesetz Gottes, ich sehe aber ein anderes Gesetz in meinen Gliedern, das mit dem Gesetz meiner Vernunft im Streit liegt und mich gefangen hält im Gesetz der Sünde, von dem meine Glieder beherrscht werden“ (Röm 7,14–25). Deshalb ist der Mensch ständig gefordert, die Gabe der Freiheit so zu gebrauchen, dass er sich dabei seiner Verantwortung bewusst ist. Er steht zwischen dem Guten, das ihn menschlicher werden lässt, und dem Bösen, das ihn unter seine Würde zerrt und unmenschlicher macht. „Die Erfahrung der Größe ist an die Erfahrung des Elends gebunden“ (Walter Kasper).

Freiheit in Wahrheit und Gerechtigkeit

Freiheit ist gebunden an Wahrheit und Gerechtigkeit. Freiheit darf ja nicht mit Beliebigkeit verwechselt werden, in der der Mensch wählt, was ihm nützt, egozentrisch entscheidet und allzu leicht ungerecht wird. Damit ist mit der Freiheit die Suche nach den wahren Werten verbunden. Jesus hat gesagt: „Die Wahrheit wird euch befreien“ (Joh 8,32) und hat auf sich selbst als *die Wahrheit* verwiesen (vgl. Joh 14,6). Damit ist für den gläubigen Christen der Weg vorgezeichnet, wo er die wahre Freiheit findet: in der Suche nach der Wahrheit in Jesus Christus. Wahre Freiheit ist daher immer Bindung an Werte, deren höchster die Liebe ist. Verliebte Menschen sind dafür das beste Beispiel: Sie binden sich aneinander und wenn es wahre Liebe ist, fühlen sie sich in ihrer Liebe zueinander doch ganz und gar frei.

Die Wahrheit schließt Gerechtigkeit mit ein, die das rechte Miteinander der Menschen einfordert und in dieser Hinsicht besonders das Verhalten zu den Armen, Hilfsbedürftigen und Bedrängten betrifft.

Einem Menschen, der allein nach Autonomie, Selbstverwirklichung und Leistung strebt, ist es unbegreiflich, den Sinn eines erfüllten Lebens von der

Wahrheit abhängig zu machen. Er will aus eigener Kraft sein Menschsein verwirklichen und verirrt sich leicht in eine falsch verstandene Freiheit.

Christsein ist ein Geschenk, eine Gnade

Der Christ ist sich über seine verdankte menschliche Existenz hinaus seines Ursprungs in Gott und seiner Bindung an ihn bewusst. Gott hat ihn „nach seinem Bild geschaffen und ihm die Sorge für die ganze Welt anvertraut“ (4. HG). Der Christ glaubt vor allem, dass Gott ihn liebt und ihn teilhaben lässt an seinem göttlichen Leben. Deshalb soll er diese Liebe dankbar erwidern und sich an Gott binden, der Freiheit und Wahrheit ist. Diese Bindung macht ihn keineswegs unfrei, sondern führt zu einem neuen Verhältnis gegenüber Gott, das wir mit der Beziehung des Kindes zu Vater und Mutter vergleichen dürfen: Das Kind fühlt sich auf den Armen seiner Eltern keineswegs unfrei, vielmehr geborgen. „Ihr seid zur Freiheit berufen!“, mahnt Paulus die Galater (Gal 5,13). Die Bindung an Freiheit und Wahrheit gibt ihm Würde und Menschlichkeit.

„Ich bin im tiefsten Grund ein Beschenkter – ob ich es will oder nicht, ob ich darauf aufmerksam werde oder nicht. Es ist aber des Menschen nicht würdig, etwas nur anonym zu sein ... Ich verdanke mich, und ich will mich verdanken“ (Johannes Singer). Der Mensch – ein *von Gott und den Menschen vielfach Beschenkter:* Dies im Laufe des Lebens immer tiefer zu erkennen, führt zur Wahrheit über das Wesen des Menschen.

„Du gabst, o Herr, mir Sein und Leben
und deiner Lehre himmlisch Licht.
Was kann dafür ich Staub dir geben?
Nur danken kann ich, mehr doch nicht.
Wohl mir, du willst für deine Liebe
ja nichts als wieder Lieb allein,
und Liebe, dankerfüllte Liebe
soll meines Lebens Wonne sein!"

Schubertmesse

1.2 Leben in der Zeit und im Wandel

Der Mensch wird in die Zeit hineingeboren und damit in den Wandel, in die Entfaltung und in die Vergänglichkeit. Sein Leben hat einen Anfang, es wächst und entfaltet sich, reift und endet. Es entschwindet in die Vergangenheit und geht der Zukunft entgegen. Der Mensch weiß, dass ihm einmal keine irdische Zukunft mehr geschenkt ist. Aber in der Zeit, die ihm gegeben ist, strebt er nach einem geglückten und erfüllten Leben.

Entfaltung des Lebens

In den ersten Phasen des Lebens wird vor allem die Entfaltung erfahren. Das kleine Kind wird umsorgt und behütet, damit es gesund heranwächst. Wie viel wird doch in ein junges Leben investiert, um die körperlichen und geistigen Kräfte zu fördern und es auf das spätere Leben vorzubereiten! Der Mensch will in seinem Beruf Erfolg haben, er sucht Beziehungen, die sein Leben bereichern, er will seine Pläne verwirklichen. Vergänglichkeit wird zunächst kaum bewusst oder sie wird selbstverständlich verdrängt.

Minderung im Leben

Die Entfaltung des Lebens ist in vielfacher Weise mit Minderungen oder Anstrengungen verbunden; der Ablauf des Lebens wird durchkreuzt. Schon der Säugling schreit um Nahrung, wenn ihn Hunger quält. Im Umbruch der Pubertät lässt der Jugendliche nicht ohne Probleme seine Kindheit zurück. Er investiert Kraft und Fähigkeiten, um das zum Leben Notwendige zu verdienen. In der Gründung einer Familie und im vielfachen Miteinander muss er lernen, selbstlos zu sein. Noch deutlicher erfährt der Mensch die Minderungen in Misserfolg und Unglück. Mit zunehmenden Jahren engt sich das Leben in vieler Hinsicht ein; in Krankheit und Alter nimmt die Lebenskraft ab, ja das Leben wird in Frage gestellt und das unentrinnbare Schicksal des Todes wird immer bewusster.

In diesem Sinn hat das Zweite Vatikanische Konzil festgehalten: „Angesichts des Todes wird das Rätsel des menschlichen Daseins am größten. Der Mensch erfährt nicht nur den Schmerz und den fortschreitenden Abbau des Leibes, sondern auch, ja noch mehr, die Furcht vor immerwährendem Verlöschen. Er urteilt aber im Instinkt seines Herzens richtig, wenn er die völlige Zerstörung und den endgültigen Untergang seiner Person mit Entsetzen ablehnt“ (GS 18).

Daher gelingt ein geglücktes Leben letztlich nur, wenn der Mensch in den verschiedenen Minderungen seines Lebens eine Herausforderung sieht und in deren

Bewältigung eine Chance erkennt. Wie kann doch der Mensch auch in Minderungen innerlich erstarken, Einsichten gewinnen und eine innere Entfaltung erleben!

Sein zum Tod

Vom Anfang seines Daseins an ist für den Menschen der Tod seine unumgängliche Bestimmung, die zu seinem Leben nicht von außen dazukommt, sondern mit dem Leben gegeben ist und es ständig begleitet. Der heilige Augustinus hat dieses Sein zum Tod tief erfasst und schreibt: „Vom ersten Augenblick an, da man sich im sterblichen Leibe befindet, geht im Menschen stetig etwas vor, was zum Tode führt. Die ganze Zeit des irdischen Lebens, wenn man dies überhaupt Leben nennen soll, arbeitet die Wandelbarkeit daran, dass man zu Tode kommt ... Die ganze Lebenszeit ist so weiter nichts als ein Todeslauf, bei dem niemand auch nur ein wenig innehalten oder etwas langsamer gehen darf; vielmehr werden alle im gleichen Schritt gedrängt und alle zur gleichen Eile angetrieben."

Das menschliche Leben in Entfaltung und Minderung bis hin zum Tod ist daher eine der grundlegenden Fragen des Menschen, worauf er bewusst oder unbewusst eine Antwort sucht.

Woher hat aber der Mensch die Zuversicht, dass in Minderungen eine Entfaltung und letztlich sogar im Tod Hoffnung sein kann? Und woher nimmt er die Kraft, die Minderungen und selbst den Tod zu bewältigen? Denn zunächst stellt er sich mit dem Apostel Paulus die Frage: „Ich unglücklicher Mensch! Wer wird mich aus diesem dem Tod verfallenen Leib erretten?" (Röm 7,24) Wer darauf eine positive Antwort zu geben vermag, ist wahrhaftig Erlöser des Menschen. Für den gläubigen Christen liegt der Keim der Hoffnung in der Fortsetzung dieser Bibelstelle aus dem Brief an die Gemeinde von Rom: „Dank sei Gott *durch Jesus Christus*, unseren Herrn!" (Röm 7,24)

1.3 Leben im „Raum" der Gemeinschaft

Leben in guter Gemeinschaft ist beglückend! Es ist aber für den Menschen keineswegs selbstverständlich, in Frieden zu leben und Gemeinschaft zu verwirklichen. Dies zeigt sich in den weltweiten Konflikten, in den Differenzen zwischen Arm und Reich, in den sozialen Problemen und in den verschiedenen Interessen von Verbänden und Parteien. Wie im Großen ist es auch im Kleinen: Wo Menschen in den Familien, in Gemeinschaften oder in Nachbarschaften leben, kann es Streit, Unfrieden und Hass geben. Deshalb stellt sich für den Menschen die ständige Aufgabe, dass er den Egoismus überwindet, Mitmenschlichkeit verwirklicht, auf den eigenen Vorteil zu Gunsten anderer verzichtet und selbstlos in Gemeinschaft lebt. „Der Mensch kann nicht ohne Liebe leben. Er bleibt für sich selbst ein unbegreifliches Wesen; sein Leben ist ohne Sinn, wenn ihm nicht die Liebe geoffenbart wird, wenn er nicht der Liebe begegnet, wenn er sie nicht erfährt und sich zu eigen macht, wenn er nicht lebendigen Anteil an ihr erhält" (Johannes Paul II., RH 10).

Mensch werden im Du

Dabei verwirklicht sich der Mensch gerade dadurch, dass er für den Mitmenschen offen ist. Nicht der Egoist ist der ideale Mensch, sondern jener, der bereit ist, sein Leben zu teilen und selbstlos für seine Mitmenschen da zu sein. Ein guter Mensch ist nach dem allgemeinen Empfinden derjenige, der bereit ist, zu teilen, von dem man also *etwas haben kann.* In der Hinwendung zum Du findet der Mensch auch sein Ich. „Die wunderbare Konzeption der christlichen Liebe, nach der ich mich selbst nur durch den andern und in ihm verwirklichen kann, ist für mich das höchste Bild, das der Mensch über sich selbst wie über den Sinn seines Lebens entwerfen kann" (Roger Garaudy). Jesus hat in seinem Leben in höchstem Maß diese Gesinnung verwirklicht und dazu in einfachen Worten aufgefordert: „Wer sein Leben zu bewahren sucht, wird es verlieren; wer es dagegen verliert, wird es gewinnen" (Lk 17,33).

Selbstlosigkeit und Solidarität

Wie viele Mütter und Väter *verlieren* ihr Leben Tag für Tag ganz selbstverständlich für ihre Kinder, wie viele Menschen arbeiten selbstlos in ihrem Beruf, wie viele verwirklichen diese Haltung in außergewöhnlicher Weise im Dienst an den alten Menschen, den Kranken und den Notleidenden! Wie viel Solidarität ist doch weltweit gefragt in der Hilfe für die Armen und Hungernden, für Flüchtlinge, für Verfolgte und Unterdrückte!

Die vielen Schwierigkeiten des Miteinanders in den Familien und Gemeinschaften, die sozialen Spannungen, der Terror, die Kriege und vieles andere machen es offensichtlich, dass der Mensch aus sich selbst letztlich nicht fähig ist, immer und überall Gemeinschaft zu verwirklichen. Die diabolischen, entzweienden Kräfte beherrschen ihn allzu oft. Er bedarf des *Heiligen Geistes*, des Geistes, der eint und verbindet und ein beglückendes Miteinander in Gemeinschaft verwirklichen hilft.

Der Mensch ist in seinem Leben grundsätzlich in dreifacher Hinsicht ein Fragender und Suchender:

- Er gibt sich nicht selbst das Leben, sondern verdankt es Menschen und letztlich Gott: Wer hilft ihm, das geschenkte Leben verantwortungsvoll in Freiheit und Wahrheit zu verwirklichen?
- Sein irdisches Leben entfaltet sich, geht aber unwiderruflich einem Ende entgegen: Wer schenkt ihm über den Tod hinaus eine Zukunft?
- Sein Leben verwirklicht sich in Gemeinschaft: Wer stärkt ihn, seinen Egoismus zu überwinden und Liebe zu leben?

2.
Jesus Christus: Erlöser der Menschen

Jesus Christus: Weg, Wahrheit und Leben

Das Leben Jesu war im Gehorsam gegenüber seinem himmlischen Vater völlig auf den Menschen hin ausgerichtet. Das war die Grundhaltung, die sein Leben durchwegs bestimmt hat: *Für uns* lebte er sein irdisches Leben; er wurde nicht müde, den Menschen die Liebe des himmlischen Vaters zu erschließen; er zeigte ihnen durch Wort und Tat den rechten Weg, wobei er ihnen als höchstes Ideal die Gottes- und Nächstenliebe vor Augen gestellt hat; er heilte die Kranken und vergab den Sündern; er führte ein Leben in Armut und machte es für alle Zeit zur Richtschnur der Nachfolge. Als Erfüllung seiner Sendung hat er *für uns* gelitten, wurde *für uns* gekreuzigt und begraben und ist *für uns* von den Toten auferstanden. Der Evangelist Johannes fasst Leben und Sterben Jesu *für uns* wie in einem Brennpunkt in die Worte: „Gott hat die Welt so sehr geliebt, dass er seinen einzigen Sohn hingab, damit jeder, der an ihn glaubt, nicht zugrunde geht, sondern das ewige Leben hat" (Joh 3,16). In seiner Himmelfahrt kehrte er heim zu seinem Vater, um *für uns* eine Wohnung zu bereiten.

Jesus Christus: Der vollkommene Mensch

„Seht, da ist der Mensch!" (Joh 19,5) Pilatus hat Jesus bei dessen Verurteilung zum Kreuzestod mit diesen Worten den Juden vorgestellt ohne zu ahnen, dass er damit ein bedeutungsvolles Wort gesprochen hat: Jesus ist *der* Mensch, der vollkommene Mensch! Er konnte seinen Gegnern die Frage stellen: „Wer von euch kann mir eine Sünde nachweisen?" (Joh 8,46) Er bietet sich selbst als *Weg* zum vollkommenen Menschen an. Er ist ebenso die unabänderliche *Wahrheit,* die jeder sich zu Eigen machen soll. Er will für jeden Menschen *Leben* sein, das selbst den Tod überwindet (vgl. Joh 14,6). Allein als wahrer Gott und wahrer Mensch konnte er in solcher Radikalität diesen Anspruch geltend machen. In diesem Sinn stellt das Zweite Vatikanische Konzil fest: „Wer Christus, dem vollkommenen Menschen folgt, wird auch selbst mehr Mensch" (GS 41).

Der Mensch – Weg der Kirche

Damit ist auch für die Kirche in ihrer pastoralen Sorge um den Menschen der Weg eindeutig vorgezeichnet. Ihr Anliegen muss es sein, Christus als den Erlöser des Menschen zu verkündigen. Sie soll dabei zeigen, in welcher Hinsicht Jesus Christus für jeden Menschen unabdingbar notwendig ist; sie muss die Mittel anbieten, die der Christ auf dem Weg zu Christus braucht. Dazu hat Papst Johannes Paul II. unmissverständlich aufgefordert: „Jesus Christus ist der Hauptweg der Kirche. Er selbst ist unser Weg zum Haus des Vaters und ist auch der Zugang zu jedem Menschen" (RH 13).

2.1 Mit Jesus Christus danken

Jesus, der Sohn des himmlischen Vaters

Im Glaubensbekenntnis sprechen wir: „Er ist aus dem Vater hervorgegangen vor aller Zeit“. Deshalb nennt Jesus an vielen Stellen der Heiligen Schrift Gott seinen Vater und bezeugt seine tiefe Einheit mit ihm: Er ist „der Einzige, der Gott ist und am Herzen des Vaters ruht“ (Joh 1,18). In der Gemeinschaft des dreifaltigen Gottes liebt der Vater den Sohn und der Sohn wendet diese Liebe als Dank an den Vater zurück. Er bezeugt immer wieder, dass er aus dem Vater existiert; seine Haltung ihm gegenüber ist daher Lob und Dank. Wir können dieses innige Verhältnis der Liebe des Vaters und den erwiderten Dank des Sohnes nur erahnen und bewundern.

Jesus, der Sohn Marias

Ebenso verdankt Jesus Christus sein menschliches Leben nicht sich selbst. Er wurde empfangen durch den Heiligen Geist und von der Jungfrau Maria geboren. Er war in allem den Menschen gleich, sein Leben war das eines Menschen (vgl. Phil 2,7). Er wuchs heran, war seinen Eltern untertan und gehorchte ihnen. Auch er war hineingenommen in die Freiheit, weil er „in allem wie wir in Versuchung geführt worden ist, aber nicht gesündigt hat“ (Hebr 4,15). Als Mensch erkannte er im Laufe seines Lebens sein einmaliges Verhältnis zu seinem Vater im Himmel, erfüllte seinen Willen und wusste sich auch als Mensch eins mit ihm. Vom Vater wurde ihm alles übergeben und nur er wusste, wer der Vater ist.

Das hohepriesterliche Gebet, das er vor seinem Sterben sprach, ist Lob- und Dankgebet an seinen Vater im Himmel. Er verherrlicht ihn und dankt ihm, weil nun sein Auftrag erfüllt ist und die Jünger ihn erkannt und sein Wort angenommen haben. So steht Jesus am Ende seines Lebens vor uns als der Danksagende.

Als einer, der sein Leben verdankt und dafür dankt, ist Jesus Christus für den Menschen nicht nur Vorbild, sondern auch Mittler. Wir können und sollen unser Danken in seinen Dank einbinden, damit dieser durch ihn zum Vater gelange. Wie wir später sehen werden, hat die Feier der Eucharistie darin ihren Höhepunkt.

2.2 Durch Jesus Christus den Tod überwinden

Jesus nahm den Tod auf sich

Als wahrer Mensch hat Jesus Christus in seinem Leben Entfaltung und Minderung erfahren. Am Anfang seiner öffentlichen Tätigkeit war sein Wirken zweifellos eine Erfolgsgeschichte. Die Menschen kamen in Scharen zu ihm, sie suchten ihn und nahmen seine Worte an, er zog umher, tat Gutes und heilte alle (vgl. Apg 10,38). Aber ebenso hat er viele Minderungen erfahren, vor allem in der Ablehnung seiner Sendung durch die jüdischen Amtsinhaber, die Schriftgelehrten und Pharisäer. Wiederholt sprach Jesus von der *Stunde,* auf die sein Leben zuging. Er sagte sein Leiden, seinen Tod am Kreuz und seine Auferstehung voraus und ging ganz bewusst der Erfüllung seiner Sendung entgegen. Im Gebet am Ölberg nahm er aus freiem Willen und im Gehorsam gegenüber seinem himmlischen Vater den Tod am Kreuz an. Im Brief an die Philipper wird das Pascha des Herrn, sein Übergang vom Tod zum Leben, in folgende Worte gefasst: „Sein Leben war das eines Menschen, er erniedrigte sich und war gehorsam bis zum Tod, bis zum Tod am Kreuz. Darum hat ihn Gott über alle erhöht und ihm den Namen verliehen, der größer ist als alle Namen" (Phil 2,7–9).

In seiner Auferstehung besiegt er den Tod

Christus hat durch seinen Tod für uns den Tod bezwungen und in seiner Auferstehung für uns das Leben neu geschaffen. Damit hat er dem Menschen die Möglichkeit eröffnet, dass auch sein Tod zum Übergang in ein neues und ewiges Leben werden kann. „Durch Christus und in Christus also wird das Rätsel von Schmerz und Tod hell, das außerhalb seines Evangeliums uns überwältigt. Christus ist auferstanden, hat durch seinen Tod den Tod vernichtet und uns das Leben geschenkt" (GS 22). Die Osterbotschaft vom Sieg über den Tod, das Pascha des Herrn, ist das Ziel seines irdischen Lebens und die befreiende Botschaft für den Menschen.

2.3 Jesus Christus führt zur Gemeinschaft

In seiner Menschwerdung hat sich Jesus Christus mit allen Menschen solidarisiert. Sein Wirken hatte zum Ziel, die Menschen zu sammeln. In vielen Gleichnissen stellt er ein Miteinander vor Augen: Aus dem alltäglichen Leben seiner Heimat griff er das Bild vom Hirten auf, der die versprengten Schafe zu einer Herde zusammenführt (vgl. Joh 10,11–19). In der Bildrede vom Weinstock und von den Reben wird die innere Verbundenheit der Seinen mit ihm und untereinander dargestellt (vgl. Joh 15,1–6). Unter dem Bild des endzeitlichen Hochzeitsmahles stellte er die endgültige Gemeinschaft im Himmel vor Augen (vgl. Mt 25,1–13). Er weinte über die Stadt Jerusalem, weil er ihre Kinder sammeln wollte, sie aber hatten nicht gewollt (vgl. Mt 23,37). Sein Sterben geschah, „um die versprengten Kinder Gottes wieder zu sammeln" (Joh 11,52). Seine Auferstehung wurde zum Anfang einer neuen Gemeinschaft.

Gemeinschaft im Heiligen Geist

Sein Pascha, der Übergang vom Tod zum Leben, wurde im pfingstlichen Ereignis vollendet. Durch die Sendung des Heiligen Geistes auf die zum Gebet versammelten Apostel und Jünger wurde die Kirche gegründet als die Gemeinschaft, die berufen ist, die Menschen zusammenzuführen. Deshalb bildete sich in Jerusalem als Urbild der Kirche für alle Zeiten eine erste Jüngergemeinschaft, die ein Herz und eine Seele war und alles Eigentum gemeinsam hatte (vgl. Apg 4,32). Treffend sagt Johannes Chrysostomus (+ 407): „Die Kirche wurde geschaffen, nicht um zu trennen, die sich dort versammeln, sondern um die Getrennten zu vereinigen. Das ist die Bedeutung des Wortes Versammlung.“

Der Heilige Geist will wegnehmen, was trennt und die diabolischen Kräfte überwinden helfen, die vielfältig am Werk sind. Er will die Gläubigen zu einer Gemeinschaft in Christus machen. Deshalb kann die Kirche nur bestehen, wenn sich ihre Glieder immer wieder versammeln und dem Geist Jesu Christi Raum geben. So ist Jesus Christus durch den Heiligen Geist die Antwort auf das Verlangen des Menschen nach Gemeinschaft, in der er sein Menschsein verwirklichen kann.

Als wahrer Gott und wahrer Mensch ist Jesus Christus der Erlöser des Menschen; er allein ist die Antwort auf dessen grundlegende Fragen:

- Der Mensch, der seine Existenz und unsagbar vieles in seinem Leben verdankt, erkennt in *Jesus Christus das Urbild des verdankten Seins,*
- er glaubt an den Sieg Jesu Christi über Sünde und Tod und hat in seiner Sterblichkeit *durch ihn Hoffnung auf ewiges Leben,*
- er kann die Trennungen überwinden und im Heiligen Geist Gemeinschaft verwirklichen.

3.
Taufe, Firmung und Eucharistie: Grundlegung des christlichen Lebens

Jesus Christus kehrte nach seiner Auferstehung heim zu seinem Vater im Himmel, versprach aber, bis zum Ende der Welt bei den Menschen zu bleiben. Wie aber sollten seine Heilstaten fortleben? Dazu sagt Papst Leo der Große (+ 460): „Was an Christus sichtbar war, ist auf die Mysterien der Kirche übergegangen." Unter „Mysterien" verstand man zu seiner Zeit alle Zeichenhandlungen der Kirche, also nicht bloß die sieben Sakramente. Diese gehörten aber als die Mitte aller Zeichenhandlungen zu den Mysterien. In ihnen, aber auch in vielen anderen Handlungen wirkt Christus weiterhin in seiner Kirche fort.

Die Einheit von Taufe, Firmung und Eucharistie

Seit der apostolischen Zeit bilden diese drei Sakramente die Grundlegung des christlichen Lebens. Bevor wir uns der Messe zuwenden, müssen wir daher auf Taufe und Firmung als die Voraussetzung für die Teilnahme an der Eucharistie eingehen.

Die Predigt des Petrus am Pfingstfest traf die Menschen „mitten ins Herz" (Apg 2,3) und die den Glauben annahmen, ließen sich auf den Namen Jesu taufen. In der Apostelgeschichte wird ebenso berichtet, dass die gläubig gewordenen Bewohner von Samarien durch Handauflegung den Heiligen Geist empfingen (vgl. Apg 8,14–17). Die Gläubigen bildeten eine Gemeinschaft, brachen in den Häusern das Brot und hielten miteinander Mahl in Freude und Einfalt des Herzens (vgl. Apg 2,44–47). So bildeten sich durch die Taufe, den Empfang des Heiligen Geistes und die Teilnahme am Brotbrechen die urchristlichen Gemeinden.

Diese drei Sakramente der Kirche begründen die sakramentale Existenz des Christen: Taufe und Firmung als einmalige Grundlegung, die Eucharistie als deren wiederholbare Erneuerung und Vollendung. Das Zweite Vatikanische Konzil stellt daher in diesem Sinne fest: „Die drei Sakramente der christlichen Eingliederung hängen also so eng miteinander zusammen, dass sie die gläubigen Christen, die in Kirche und Welt die Sendung des Gottesvolkes ausüben, zum Vollalter der Erlösten führen“ (LG 31). Deshalb werden diese drei Sakramente bei der Christwerdung eines Erwachsenen wie in den ersten Jahrhunderten auch heute in einer einzigen Feier vollzogen. Weil durch ihren Empfang das christliche Leben beginnt, werden sie Initiationssakramente genannt. Wenn auch durch die gegenwärtig fast allgemein übliche Kindertaufe diese äußere Einheit nur selten erlebt wird, so soll doch die innere Einheit dieser drei Sakramente allen, die Eucharistie feiern, bewusst sein.

Die Wirkungen der Initiationssakramente

In den Vorbemerkungen zur Feier der Firmung (Nr. 1) wird die Wirkung der Initiationssakramente treffend zusammengefasst: „Taufe, Firmung und Eucharistie sind die Sakramente, die den Menschen in die Kirche eingliedern und von der Herrschaft des Bösen befreien. Wer sie empfängt, erhält nach den Worten der Schrift Anteil am Tod Christi; er wird mit Christus begraben und auferweckt; er wird mit dem Geist der Kindschaft beschenkt, und mit dem Volk Gottes feiert er das Gedächtnis des Todes und der Auferstehung des Herrn."

In diesem Text werden drei Wirkungen der Initiationssakramente genannt:

1. Beschenkt werden mit dem Geist der Kindschaft,
2. Übereignung an den gestorbenen und auferstandenen Christus,
3. Eingliederung in die Gemeinschaft der Kirche.

Diese drei Wirkungen sollen im Folgenden für Taufe und Firmung näher beschrieben werden.

3.1 Taufe und Firmung als Geschenk der Kindschaft

Teilhabe am göttlichen Leben

Die Taufe löst den Menschen aus der Verstrickung in das Böse und schenkt die Gnade und Liebe des himmlischen Vaters. Der Getaufte wird zum Kind Gottes. „Seht, wie groß die Liebe ist, die der Vater uns geschenkt hat: Wir heißen Kinder Gottes, und wir sind es" (1 Joh 3,2). Doch als Kind von Vater und Mutter kann sich nur bezeichnen, wer das Leben von ihnen hat. So ist auch die Kindschaft Gott gegenüber Teilhabe an seinem göttlichen Leben.

Weil wir Kinder Gottes sind, hat uns Jesus Christus gelehrt, Gott unseren Vater zu nennen. Diese Berufung und Würde hat der Apostel Paulus der Christengemeinde von Rom vor Augen gestellt: „Ihr habt nicht einen Geist empfangen, der euch zu Sklaven macht, so dass ihr euch immer noch fürchten müsstet, sondern ihr habt den Geist empfangen, der euch zu Söhnen macht, den Geist, in dem wir rufen: Abba, Vater!" (Röm 8,2.15)

Wir sollen unsere Berufung erkennen und an dieses göttliche Leben in uns glauben. Durch ein Leben aus dem Glauben und der Liebe wächst und erstarkt es, bis es im Tod übergeht in das ewige Leben. So wie in der Knospe die Blüte bereits vorhanden, aber noch verborgen ist und erst sichtbar wird, wenn die Wärme der Sonne sie zum Blühen bringt, so ist auch dieses göttliche Leben in uns verborgen, bis es sichtbar wird im Licht der Ewigkeit.

Wie das irdische Leben ist auch das göttliche Leben in uns gefährdet, denn wir leben in Freiheit, die auch missbraucht werden kann. Dieses Leben braucht daher Schutz, sonst kann es nicht gedeihen: Die Sünde schwächt es, in einem gedankenlosen Leben verwelkt es, bei schwerer Schuld geht es zu Grunde. Andererseits braucht das Leben der Gnade Nahrung in Gebet und guten Taten und letztlich wird es gestärkt durch die Eucharistie.

Dank für die Kindschaft

Weil wir durch die Taufe über das Geschenk des irdischen Lebens hinaus eine neue Beziehung zum Vater im Himmel eingegangen sind, hat der Dank dafür eine tiefere Dimension erhalten. Wie wir noch sehen werden, sind die Briefe des Neuen Testaments voll von Dankerweisen für die Gnade des Glaubens und der Berufung zum Kind Gottes.

Die Firmung bewirkt, dass der Geist der Kindschaft erstarkt, um bewusster als Sohn oder Tochter Gottes in der Gemeinschaft der Gläubigen zu leben und in der Öffentlichkeit den Glauben zu bezeugen.

3.2 Taufe und Firmung als Übereignung an Christus

Getauft auf den Tod und die Auferstehung Jesu

Die Übereignung an Christus hat vor allem im Brief des Apostels Paulus an die Römer ihr biblisches Fundament: „Wisst ihr nicht, dass wir alle, die wir auf Christus Jesus getauft wurden, auf seinen Tod getauft worden sind? Wir wurden mit ihm begraben durch die Taufe auf den Tod, und wie Christus durch die Herrlichkeit des Vaters von den Toten auferweckt wurde, so sollen auch wir als neue Menschen leben. Wenn wir nämlich ihm gleich geworden sind in seinem Tod, dann werden wir mit ihm auch in seiner Auferstehung vereinigt sein ... Denn durch sein Sterben ist er ein für alle Mal gestorben für die Sünde, sein Leben aber lebt er für Gott. So sollt auch ihr euch als Menschen begreifen, die für die Sünde tot sind, aber für Gott leben in Christus Jesus“ (Röm 6,3–5.11f.).

In der Taufe wird der Mensch in den Tod und in die Auferstehung Jesu Christi eingefügt, er stirbt mit ihm in sakramentaler Weise, wird mit ihm begraben und zu einem neuen Leben auferweckt. Dies geschieht im

Symbol des Wassers, das für den Menschen einerseits Untergang und Tod bedeutet und für ihn zum Grab werden kann, andererseits aber Voraussetzung und Symbol für alles Leben ist. Der Christ, der vom ersten Augenblick seines Daseins an auf dem Weg zum Tod ist, erhält durch die Übereignung an den für ihn gestorbenen, auferstandenen und verherrlichten Herrn Anteil an dessen Leben. Diese Verbindung gibt ihm die Chance, alle Minderungen des Lebens als Teilnahme am Tod Christi zu sehen. Er hat aber auch die Zuversicht, dass alles im Geiste Christi getragene Leid und jede beglückende Entfaltung des Lebens den Keim der Auferstehung in sich tragen.

Ausgerichtet auf Christus hin

Die Taufe ist für jeden Christen das Fundament und die Einladung, das Leben auf Christus hin auszurichten. Er soll sich die Gesinnung Jesu zu Eigen machen und mit Paulus die Gewissheit haben: „Christus will ich erkennen und die Macht seiner Auferstehung und die Gemeinschaft mit seinen Leiden; sein Tod soll mich prägen. So hoffe ich, auch zur Auferstehung von den Toten zu gelangen" (Phil 3,10.11). Dieser grundlegenden sakramentalen Ausrichtung auf Christus hin soll sich der Christ im Laufe des Lebens immer mehr bewusst werden und sie zu verwirklichen suchen.

Was in der Taufe grundgelegt wird, wird durch den Heiligen Geist in der Firmung gefestigt.

3.3 Taufe und Firmung als Eingliederung in die Gemeinschaft der Kirche

Durch die Taufe Mitglied der Kirche

Die Taufe ist von Anfang an jene Zeichenhandlung mit Wasser, durch die der Glaubende durch den Heiligen Geist in die Gemeinschaft der Kirche eingegliedert wird. Diese Wirkung der Taufe ist vor allem im Bewusstsein der Gläubigen verankert. Wer Gemeinschaft mit Christus, dem Haupt der Kirche, haben will, kann sie als dessen Glied in der Gemeinschaft der Kirche finden. Der Apostel Paulus greift dieses Bild auf und sieht die Einheit aller Glaubenden im Zusammenhalt und im Zusammenwirken aller Glieder durch den Heiligen Geist verwirklicht: „Durch den einen Geist wurden wir in der Taufe alle in einen einzigen Leib aufgenommen, Juden und Griechen, Sklaven und Freie; und alle wurden wir mit dem einen Geist getränkt" (1 Kor 12,13).

Mit dem Bild des Leibes wird eine Lebensgemeinschaft ausgedrückt: Einerseits mit Christus als dem Haupt, von dem das Leben überströmt auf den Leib, andererseits die Verbindung durch Christus untereinander, wodurch die Gläubigen in Liebe geeint werden. Das Bild vom Leib ist nicht nur eine Veranschaulichung der inneren unsichtbaren Lebensgemeinschaft mit Christus, sondern ebenso der äußeren sichtbaren Einheit in der Kirche.

Die Taufe als Eingliederung in die Kirche besagt einerseits, dass diese bereit ist, die Getauften in ihrem Leben zu begleiten, für sie zu beten und mit ihren Sakramenten für ihr Heil zu sorgen. Andererseits darf sich die Taufe nicht in einem bloßen Dazugehören erschöpfen; vielmehr soll sich der Getaufte als lebendiges Glied der Kirche erweisen.

Vertiefung der Gemeinschaft durch die Firmung

Durch den Heiligen Geist wurde am Pfingsttag die Kirche geschaffen. Daher ist die Firmung in besonderer Weise das Sakrament, das die Gemeinschaft in der Kirche vertieft. Durch die Firmung wird der Getaufte mit den charismatischen Gaben des Heiligen Geistes beschenkt. Der Gefirmte soll begeistert sein für die Sache Jesu und so zum spirituellen Wachstum der Kirche beitragen. Er wird aber ebenso gestärkt, seinen Glauben vor den Menschen zu bezeugen und in der Öffentlichkeit für ihn einzutreten.

Die Erneuerung von Taufe und Firmung in der Eucharistie

Als Getaufte und Gefirmte versammeln sich die Christen immer wieder zum Gottesdienst, um in Freude und Dankbarkeit die Gemeinschaft im Glauben zu erfahren und sich gegenseitig darin zu stärken. Was in der Taufe unter dem Zeichen des Wassers und in der Firmung unter dem Zeichen der Salbung verbunden mit Handauflegung einmalig und grundlegend vollzogen wird, wird in der Eucharistie unter den Zeichen von Brot und Wein in unüberbietbarer Weise erneuert und vollendet. Deshalb ist die Eucharistie die Erneuerung von Taufe und Firmung, durch die das Leben in Christus wachsen und reifen soll und seine Vollendung in der kommenden Welt vorbereitet.

4.
Die Gegenwart Jesu Christi in der Messe

Die Messe als Begegnung mit dem dreifaltigen Gott

In der Messe begegnen wir dem dreifaltigen Gott, auf dessen Namen wir getauft sind. Sie wird begonnen mit „Im Namen des Vaters und des Sohnes und des Heiligen Geistes" und sie endet mit dem Segen in seinem Namen. Die Gebete, vor allem das Hochgebet, wenden sich im Allgemeinen an den Vater, doch wir richten sie an ihn „durch Christus, unsern Herrn" und „in der Einheit des Heiligen Geistes". Diese Einbindung in den Urgrund unseres christlichen Glaubens soll in der Feier der Messe bewusst werden.

In einer Grußformel zum Beginn der Messe, die dem zweiten Brief des Apostels Paulus an die Korinther (2 Kor 13,13) entnommen ist, wünscht der Priester der versammelten Gemeinde: „Die Gnade unseres Herrn Jesus Christus, die Liebe Gottes, des Vaters, und die Gemeinschaft des Heiligen Geistes sei mit euch!" Damit sagt er der Gemeinde Gnade, Liebe und Gemeinschaft zu, die als das besondere Merkmal der drei Personen im dreifaltigen Gott gegeben sind. Die *Gnade* wird dabei dem Sohn zugeordnet, weil er seine Existenz aus dem Vater hat und ihm verdankt, die *Liebe* dem Vater als dem Ursprung von allem und die *Gemeinschaft* dem Heiligen Geist.

Dieselben Eigentümlichkeiten werden in einer Antiphon im Stundengebet vom Hochfest der Allerheiligsten Dreifaltigkeit als Beziehung der drei göttlichen Personen in ihrem dreifaltigen Sein genannt: „O selige Dreifaltigkeit! Der Vater ist Liebe, der Sohn ist Gnade, das einende Band ist der Heilige Geist." Was bedeutet diese dreifaltige Gemeinschaft?

Der Vater ist die *Liebe* als der Urgrund allen Seins. Liebe ist Beziehung, sie will sich verströmen und kommt erst zu ihrer Erfüllung, wenn sie ein Gegenüber findet und von diesem beantwortet wird. So verschenkt sich der Vater in Liebe an den Sohn, der in seiner Existenz ganz *Gnade* ist und sich dem Vater verdankt. In dieser empfangenen Liebe ist das Göttliche im Sohn nicht gemindert, denn er ist „Gott von Gott, Licht vom Licht, wahrer Gott vom wahren Gott". Die Beziehung vom Vater zum Sohn und vom Sohn zum Vater vollzieht sich im Heiligen Geist, der das *einende Band* ist und deshalb oft als Geist der Liebe bezeichnet wird. Vater und Sohn lieben sich im Heiligen Geist. So entfaltet sich die Liebe im dreifaltigen Gott in einer dreifachen Weise: im Vater als dem Ursprung, im Sohn als Gnade und Dank, im Heiligen Geist als Einheit. Gott ist nicht einsam; er ist ewige dreifaltige Gemeinschaft in Liebe: „O selige Dreifaltigkeit!"

Die zweite göttliche Person ist Mensch geworden und damit Zugang und Mittler zum dreifaltigen Gott. Durch ihn wurde die Liebe des Vaters offenbar; ebenso sendet er den Heiligen Geist, der sein Werk auf Erden weiterführt und alle Heiligung vollendet (vgl. 4. HG).

In der Feier der Messe leuchtet in den Gebeten und Handlungen immer wieder das unergründliche Geheimnis des dreifaltigen Gottes auf.

Die Aussagen des Zweiten Vatikanischen Konzils zur Gegenwart Jesu Christi

Vor seiner Himmelfahrt hat Jesus seinen Jüngern versprochen, bis zum Ende der Welt bei ihnen zu bleiben. Diese Verheißung verwirklicht sich vorzüglich in der Feier der Liturgie der Kirche.

In der Liturgiekonstitution des Konzils werden die Gegenwartsweisen Christi in der Feier der Messe in klaren Aussagen zusammengefasst: „Gegenwärtig ist er im Opfer der Messe sowohl in der Person dessen, der den priesterlichen Dienst vollzieht ... wie vor allem unter den eucharistischen Gestalten ... Gegenwärtig ist er in seinem Wort, da er selbst spricht, wenn die heiligen Schriften in der Kirche gelesen werden. Gegenwärtig ist er schließlich, wenn die Kirche betet und singt, er, der versprochen hat: ‚Wo zwei oder drei versammelt sind in meinem Namen, da bin ich mitten unter ihnen' (Mt 18,20)" (SC 7).

Diese Gegenwartsweisen Christi sind nicht statisch, sondern dynamisch zu verstehen: Christus *handelt* in jeder Messe und schafft Beziehungen der versammelten Gemeinde zum himmlischen Vater und ebenso durch den Heiligen Geist untereinander. Daher ist er der Mittler zwischen Gott und den Menschen, sodass die Liturgie als „Vollzug des Priesteramtes Jesu Christi" gilt (SC 7).

Der Glaube an die Gegenwart Jesu Christi in der Versammlung, im Wort und in der Eucharistie ist die fundamentale Voraussetzung für deren Feier. Ist dieser Glaube nicht vorhanden, würde die Messe zu einem gesellschaftlichen Zusammenkommen degradiert, die Verkündigung des Wortes Gottes könnte durch das Verlesen anderer Texte ersetzt werden und die Teilnahme an der Eucharistie würde zu einem stilisierten Mahl werden, das bloß auf einen Mehrwert hinweist, aber kein Mehrwert ist.

4.1 Die Gegenwart Jesu Christi in der versammelten Gemeinde

Jesus hat die Gegenwart in der versammelten Gemeinde durch die eben genannten Worte ausdrücklich zugesagt: „Wo zwei oder drei in meinem Namen versammelt sind, da bin ich mitten unter ihnen" (Mt 18,20). Diese Gegenwart wird durch den Heiligen Geist bewirkt. In den Kirchen des Ostens und des Orients wird die Erfahrung dieser Gegenwart durch die Ausgestaltung des Raumes und durch Ikonen unterstützt. In unserer Liturgie soll sie vor allem in der Gemeinschaft der Gläubigen erfahren werden: in ihrem Verhalten, in ihrem Beten und Singen, im gemeinschaftlichen Feiern. Der Mensch selbst und wie er handelt wird so zum Symbol für die Gegenwart Jesu Christi. Die Versammlung zum Gottesdienst soll dadurch zum glaubwürdigen Zeugnis werden und auf den in ihrer Mitte gegenwärtigen Herrn verweisen. Sich dessen bewusst zu sein ist eine hohe Anforderung an die Gemeinde. Der Zelebrant grüßt deshalb die Gemeinde im Ablauf der Messe mehrfach mit dem Gruß und Wunsch „Der Herr sei mit euch" und wünscht damit die Gegenwart des Herrn. Wenn manche Zelebranten den Gruß ändern und sagen: „Der Herr ist mit euch", so ist auch dies eine richtige Feststellung, bei der allerdings aus dem liturgischen Gruß eine theologische Aussage wird.

4.2 Die Gegenwart Jesu Christi in der Verkündigung des Wortes Gottes

Schon in der Urkirche wurde die Feier der Eucharistie mit einem Wortgottesdienst verbunden und ist mit ihm zu einer Einheit verschmolzen. Dabei waren sich die Christen bewusst, dass der auferstandene und verherrlichte Herr im Wort der Schrift zu ihnen spricht. Deshalb hat das Zweite Vatikanische Konzil festgestellt: „Gegenwärtig ist er in seinem Wort" (SC 7). Die Feier der Messe ist der vorzüglichste Ort der Verkündigung der heiligen Schriften, die unter Mitwirkung des Heiligen Geistes verfasst wurden und durch dessen Wirken Jesus Christus im Wort gegenwärtig wird.

Wie aber ist diese Gegenwart zu verstehen? Das Wort Gottes ist in toten Buchstaben niedergeschrieben und in Büchern überliefert. Es wird lebendig und wirksam im Vollzug der Verkündigung: Einerseits im Verkünder durch den Vortrag des Wortes Gottes, andererseits in den Gläubigen durch das Hören. Die Vorleser (Lektoren, Diakone und Priester) sollen sich dieses hohen Dienstes am Wort Gottes bewusst sein und das bloße Vorlesen zum Verkünden machen: Wenn sie das Wort Gottes in den Mund nehmen, erwecken sie gleichsam die toten Buchstaben zum Leben.

Symbole für die Gegenwart im Wort

Lektionar und Evangeliar, die Bücher mit den Schriftlesungen, sind Symbole, durch welche die Bedeutung des Wortes Gottes hervorgehoben wird. Sie können beim Einzug mitgetragen und am Altar gleichsam inthronisiert werden. Bei der kleinen Prozession vor dem Evangelium, bei der im feierlichen Gottesdienst das Buch vom Altar zum Ambo getragen wird, wird der Verkünder von Kerzen- und Weihrauchträgern begleitet. Währenddessen grüßt die Gemeinde im Halleluja Jesus Christus, der im Evangelium zu ihr spricht. Der *Ambo* ist der eigens nur dem Wort Gottes vorbehaltene Ort.

Seit alten Zeiten sind dem Verkünden des Evangeliums besondere Lobpreisungen und Handlungen zugeordnet. Um seine Würde zu unterstreichen, kann das Buch vor der Verkündigung des Evangeliums in gleicher Weise wie die Eucharistie beräuchert werden. Zweimal wird ausdrücklich Christus gehuldigt: In der Ankündigung „Aus dem heiligen Evangelium nach ...“ wird spontan dem im Wort gegenwärtigen Herrn zugerufen: „Ehre sei dir, o Herr“. Ebenso wird der abschließende Ruf des Verkünders „Evangelium unseres Herrn Jesus Christus“ mit dem Zuruf des Volkes „Lob sei dir, Christus“ beantwortet.

So bietet auch unsere Liturgie eine Reihe von Möglichkeiten, um die Gegenwart Christi in seinem Wort bewusst zu machen. Das Zweite Vatikanische Konzil hat ausdrücklich vom „Tisch des Gotteswortes“ gesprochen, um damit anzudeuten, dass die Gläubigen durch das Wort ebenso geistliche Nahrung erhalten wie durch die Eucharistie (vgl. SC 1).

4.3 Die Gegenwart Jesu Christi in der Eucharistie

Beim Letzten Abendmahl hat Jesus das Brot und den Becher mit Wein in seine Hände genommen, sie als seinen am Kreuz hingegebenen Leib und sein vergossenes Blut bezeichnet, seinen Jüngern zur Speise und zum Trank gegeben und ihnen befohlen, dies zu seinem Gedächtnis zu tun. Wann immer dieser Auftrag durch den Priester vollzogen wird, ist Christus „wesenhaft und fortdauernd unter den eucharistischen Gestalten“ (PEM 7) gegenwärtig. Diese unvergleichliche Gegenwart Jesu Christi, die die Gegenwart in der Versammlung und im Wort wesenhaft übertrifft, findet ihren Ausdruck in den Worten, die der Priester über Brot und Wein spricht: „Das ist mein Leib, der für euch hingegeben wird ... Das ist der Kelch des neuen und ewigen Bundes, mein Blut, das für euch und für alle vergossen wird zur Vergebung der Sünden.“

Was bedeuten diese Worte?

„Um den Sinn der Worte haben fast zwei Jahrtausende gebetet und gedacht und gekämpft. Sie sind zum Zeichen einer Gemeinschaft geworden, heiliger und inniger als irgendwelche sonst; aber auch zu Zeichen einer tiefgehenden Trennung. Wenn wir also fragen, was sie bedeuten, wollen wir uns zuerst klar werden, wie wir sie nehmen wollen. Die Antwort kann nur lauten: ganz schlicht, so wie sie dastehen. Der Text meint genau das, was er sagt. Jeder Versuch, ihn ‚geistig‘ zu verstehen, ist Ungehorsam und führt in den Unglauben.

Wir haben nicht von uns aus zu bestimmen, was er heißen könnte, damit er ‚reiner Christlichkeit' entspreche, sondern ihn mit verehrender Sorgfalt zu nehmen, wie er lautet, und von ihm zu erfahren, was christlich rein ist. Als Jesus sprach und tat, wie hier berichtet wird, wusste er, dass es um etwas von göttlicher Bedeutung ging. Er wollte also verstanden sein und sprach so, wie er verstanden sein wollte" (Romano Guardini, + 1968).

Die Verheißung der Eucharistie

Wie Jesus diese Worte, die er beim Letzten Mahl vor seinem Sterben gesprochen hat, gemeint hat, hat er im Voraus in seiner Verheißungsrede in Kafarnaum genau und ausführlich dargelegt. Die Brotrede gipfelt in den Worten: „Mein Fleisch ist wirklich eine Speise, und mein Blut ist wirklich ein Trank. Wer mein Fleisch isst und mein Blut trinkt, der bleibt in mir, und ich bleibe in ihm. Wie mich der lebendige Vater gesandt hat, und wie ich durch den Vater lebe, so wird jeder, der mich isst, durch mich leben" (Joh 6,55–57). Durch das Essen dieses Brotes und das Trinken dieses Blutes wird also eine Lebensgemeinschaft zwischen Christus und dem Empfänger hergestellt, die der innigen Verbindung zwischen Christus und seinem himmlischen Vater ähnlich ist.

Das Zeugnis des Paulus

Der Apostel Paulus bezeugt durch eine negative Aussage denselben Glauben an die Gegenwart Christi: „Wer also unwürdig von dem Brot isst und aus dem Kelch des Herrn trinkt, macht sich schuldig am Leib und am

Blut des Herrn“ (1 Kor 11,27). In dieser Feststellung ist das Verhalten gegenüber dem verwandelten Brot und dem verwandelten Wein dem Verhalten gegenüber Christus gleichgesetzt.

Das Zeugnis der Väter

Aus den vielen Zeugnissen der Kirchenväter sollen wenigstens Justin der Märtyrer (+ 165) und Cyrill von Jerusalem (+ 386) angeführt werden. Justin stammte aus Palästina, war Philosoph und fand in der Suche nach der Wahrheit zum Christentum. In einer Schrift an den römischen Kaiser Antonius Pius, in der er die Christen gegen böse Verleumdungen verteidigt hat, schrieb er: „Denn nicht wie gewöhnliches Brot und gewöhnlichen Trank empfangen wir diese Gaben. Es verhält sich vielmehr so: Jesus Christus, unser Erlöser, ist durch das Wort Gottes Fleisch geworden und hat Fleisch und Blut zu unserem Heil angenommen. In gleicher Weise wird auch durch eine Gebetsrede, die von ihm kommt, die Nahrung zur Eucharistie. Mit ihr werden unser Fleisch und Blut genährt und umgewandelt. Und diese Nahrung ist, so sind wir belehrt worden, Fleisch und Blut des fleischgewordenen Jesus“ (1. Apologie). Cyrill von Jerusalem hat den in der Osternacht Neugetauften in den Katechesen, die er in der darauf folgenden Osterzeit über die Eucharistie gehalten hat, erklärt: „Wir haben gelernt und die sichere Überzeugung gewonnen: Was Brot zu sein scheint, ist nicht Brot, auch wenn es so schmeckt, sondern es ist der Leib Christi. Was Wein zu sein scheint, ist nicht Wein, auch wenn es der Geschmack so will, sondern das Blut Christi.“

Jesus Christus wird gegenwärtig im Priester

Christus wird in der Messe auch gegenwärtig „in der Person dessen, der den priesterlichen Dienst vollzieht" (SC 7). Eigens dafür geweiht spricht er im Einsetzungsbericht im Namen Christi die Wandlungsworte. Die eucharistische Gegenwart Jesu Christi ist aber nicht durch die Worte des Priesters allein gegeben, sondern wird vor allem vom Vater im Himmel erbeten und vom Heiligen Geist bewirkt. Dies wird in der Epiklese, die vor dem Einsetzungsbericht gesprochen wird, klar gesagt: „Sende deinen Geist auf diese Gaben herab und heilige sie, damit sie uns werden Leib und Blut deines Sohnes, unseres Herrn Jesus Christus" (2. HG).

Die Messe ist zwar keine Anbetungsstunde, sondern eine Handlung, dennoch soll die Gegenwart Christi in der Eucharistie der versammelten Gemeinde bewusst sein und die Feier prägen. Darum ist es angemessen, dass wir durch Zeichen wie Kniebeuge, Niederknien oder durch Schweigen unsere Ehrfurcht bezeugen. Der Glaube braucht Zeichen; sie entsprechen der Leibhaftigkeit des Menschen.

Anbetung der Eucharistie

Der Glaube an die Gegenwart Christi in der Eucharistie wird durch einige Formen der Anbetung außerhalb der Messe vertieft. Das stille Gebet vor dem Tabernakel oder die Anbetung des Allerheiligsten bei der Aussetzung in der Monstranz sind eine Ergänzung zur Feier der Eucharistie. Was innerhalb der Messe im Kern vorhanden ist, kann in der Anbetung auf eigene Weise entfaltet werden. Wichtig ist die ständige Rückbindung an die Feier der Eucharistie, die von Jesus Christus als Handlung gestiftet wurde und als *Sakrament des Altares* von der Kirche vollzogen wird und nicht als *Sakrament des Tabernakels*. Im Tabernakel wird die Eucharistie vor allem als Wegzehrung für die Kranken und Sterbenden aufbewahrt.

„Einst am Kreuz verhüllte sich der Gottheit Glanz,
hier ist auch verborgen deine Menschheit ganz.
Beide sieht mein Glaube in dem Brote hier;
wie der Schächer ruf ich, Herr, um Gnad zu dir."

Thomas von Aquin, + 1274

5. Die Gestalt der Messe wird in frühchristlicher Zeit grundgelegt

Wie anfangs bereits erwähnt, gab man in urchristlicher Zeit der Feier der Messe Namen, die Wesentliches aussagen über Inhalt und Gestalt der Stiftung Jesu beim Letzten Abendmahl: Brotbrechen, Herrenmahl und Eucharistie. Dieser Befund soll in diesem Abschnitt vertieft werden.

Der Wurzelboden, auf dem die Gestalt der Messe sich entwickelte, waren der jüdische Gottesdienst im Tempel und in den Synagogen und die religiösen Gewohnheiten des Volkes. So sprach man bei verschiedenen Gelegenheiten kurze Lobsprüche, sogenannte *„Berekha“*, von denen einer in unsere Liturgie übernommen wurde: „Gepriesen bist du, Herr, unser Gott, Schöpfer der Welt, du schenkst uns das Brot, die Frucht der Erde.“ Als Lobpreis und Dank beim häuslichen Mahl oder an besonderen Festen wurden diese kurzen Lobpreisungen erweitert. Daraus entwickelte sich das christliche, mit einem neuen Inhalt versehene Hochgebet. Ebenso hielten die Juden bei ihren Festen und Feiern Gedächtnis an die Taten Gottes in ihrer Geschichte. So war die Feier des Pascha die Erinnerung an die Rettung aus der ägyptischen Sklaverei und an den Durchzug durch das Schilfmeer. Das jüdische Pascha wurde zur Mitte des christlichen Gottesdienstes. Als

Bundesvolk hat man sich an Festtagen und am Sabbat versammelt und wurde sich der besonderen Erwählung bewusst. Die sich für den *Neuen Weg* entschieden hatten, führten die religiösen Gewohnheiten weiter, gaben ihnen aus dem Glauben an Jesus Christus eine neue Bedeutung und pfropften damit auf den alten Stamm einen neuen Zweig, der sich weiter entwickelte.

Die Grenze der jüdischen Tradition überschreitend haben sich in den folgenden Jahrhunderten die äußeren Ausformungen entsprechend den verschiedenen Kulturen (u.a. syrisch, koptisch, römisch) unterschiedlich entfaltet, der Inhalt und die Grundzüge der Gestalt blieben überall dieselben. Das bestimmende Element und die Mitte der Feier wird dabei die das Wort überschreitende Handlung der Eucharistie, die man gemeinschaftlich im Gedächtnis an Jesus Christus begeht.

Eine erste Beschreibung der Messe, die bereits alle wesentlichen Inhalte wiedergibt, ist uns von Justin dem Märtyrer in der schon genannten Apologie an den römischen Kaiser überliefert: „An dem Tage, den man Sonntag nennt, findet eine Versammlung aller statt, die in Städten oder auf dem Lande wohnen; dabei werden die Denkwürdigkeiten der Apostel oder die Schriften der Propheten vorgelesen, solange es angeht. Hat der Vorleser aufgehört, so gibt der Vorsteher in einer Ansprache eine Ermahnung und Aufforderung zur Nachahmung all dieses Guten. Darauf erheben wir uns alle zusammen und senden Gebete empor. Und wie schon erwähnt wurde, wenn wir mit dem Gebete zu Ende sind, werden Brot, Wein und Wasser herbeigeholt, der Vorsteher spricht Gebete und Danksagungen mit aller Kraft, und das Volk stimmt ein, indem es das Amen sagt. Darauf findet die Ausspendung statt, jeder erhält seinen Teil von dem Konsekrierten; den Abwesenden aber wird er durch die Diakone gebracht."

5.1 Dank an den Vater: „Eucharistie"

In der apostolischen Zeit war die junge Kirche von Freude und Dankbarkeit erfüllt: „Sie hielten miteinander Mahl in Freude und Einfalt des Herzens. Sie lobten Gott und waren beim ganzen Volk beliebt" (Apg 2,46f.). Sie empfanden den *Neuen Weg* offensichtlich als Geschenk und Erwählung, die sie mit Freude und Dankbarkeit beantworteten.

Das Zeugnis des Apostels Paulus

Diese Grundstimmung der Dankbarkeit ist in besonderer Weise in den Paulusbriefen vorhanden, der selbst zutiefst erfahren hat, dass er aus Gnade berufen worden war. Beinahe jeder seiner Briefe beginnt mit einem Dank, der an Gott Vater gerichtet ist. Im Brief an die Christen von Rom schreibt er: „Zunächst danke ich meinem Gott durch Jesus Christus für euch alle, weil euer Glaube in der ganzen Welt verkündet wird" (Röm 1,8). Ebenso verbindet er den Gruß an die Gemeinde von Korinth mit einem Dank für ihre Berufung: „Ich danke Gott jederzeit für die Gnade Gottes, die euch in Christus Jesus geschenkt wurde" (1 Kor 1,4). Der Gemeinde von Philippi, mit der Paulus besonders eng verbunden war, versichert er: „Ich danke meinem Gott jedes Mal, wenn ich an euch denke" (Phil 1,3). Auch der Christushymnus des Kolosserbriefes, in dem die herausragende Stellung Christi gepriesen wird, wird mit einem Dank eingeleitet, den die Gläubigen weiterführen sollen: „Dankt dem Vater mit Freude! Er hat euch fähig gemacht, Anteil zu haben am Los der Heiligen, die im Licht sind“ (Kol 1,12). Im selben Brief werden die Christen aufgefordert, ihr Verhalten in den Versammlungen entsprechend zu gestalten: „Singt Gott in eurem Herzen Psalmen, Hymnen und Lieder, wie sie der Geist eingibt, denn ihr seid in Gottes Gnade ... Alles, was ihr in Wort und Werken tut, geschehe im Namen Jesu, des Herrn. Durch ihn dankt Gott, dem Vater“ (Kol 3,16f.).

Dabei war das Leben des Apostels Paulus keineswegs nur von Erfolg begleitet, aber trotz aller Schwierigkeiten war seine Verkündigung vom Dank an Gott geprägt. Deutlich wird dies noch an vielen weiteren Stellen seiner Briefe.

Das Zeugnis der ersten Jahrhunderte

Die Christen der nachapostolischen Zeit wussten sich aus einer sinnlosen heidnischen Umwelt befreit. Trotz Verfolgung bezeugen sie in den folgenden Jahrhunderten dieselbe Gesinnung der Dankbarkeit für den christlichen Glauben. In der Didache, einer ersten Gemeindeordnung, die um 100 entstanden ist, wird festgelegt: „Am Herrentag kommt zusammen und brecht das Brot und haltet Danksagung“ (Didache 14). Nur einige Jahrzehnte später wird von Justin dem Märtyrer die Danksagung (wie oben zitiert) näher beschrieben. Ebenso bezeugt Klemens von Alexandrien (+ um 215), der mit philosophischen Argumenten den christlichen Glauben verteidigt hat: Was der Mensch

Gott schuldig ist, das ist lebenslängliche Danksagung. Immer und überall, nicht nur an bestimmten Festtagen und an heiligen Orten, sein ganzes Leben lang, „ob allein oder mit Glaubensgenossen zusammen, immer ehrt er Gott, d.h. er sagt ihm Dank dafür, dass er den rechten Lebensweg erkannt hat." Origenes (+ um 254), der ebenfalls in Alexandrien lehrte, wies auf diese Grundstimmung unter den Christen hin: „Wir sind nicht Menschen mit undankbaren Herzen ... Gott gegenüber, der uns mit Wohltaten überhäuft hat, ... scheuen wir uns, undankbar zu sein. Das Zeichen dieser Dankbarkeit gegen Gott ist das Brot, das man Eucharistie nennt." Ein Zeugnis dieser Haltung aus derselben Zeit ist uns im Zweiten Hochgebet neu vertraut geworden: „Wir danken dir, dass du uns berufen hast, vor dir zu stehen und dir zu dienen."

Aufgrund der vielen Bezeugungen dieser Gesinnung der Christen fasst Josef Andreas Jungmann (+ 1975) die Grundstimmung der ersten Jahrhunderte treffend so zusammen: „Die Danksagung entspricht der ganzen seelischen Haltung des damaligen Christentums. Die Christen von damals, die eben aus der Nacht des Heidentums herausgetreten waren, hatten ein lebhaftes Bedürfnis, Gott zu danken. Wie ein warmer Hauch geht sie durch die Schriften, die uns aus jener Zeit erhalten sind."

Aus dieser Haltung der Christen der ersten Jahrhunderte hat die Feier der Messe als Dank an den Vater Gestalt angenommen. Daher wird bereits um das Jahr 100 diese Handlung, zu der man am ersten

Tag der Woche zusammenkommt, Eucharistie genannt und etwa 50 Jahre später werden auch die Gaben von Brot und Wein als Eucharistie bezeichnet.

So wird verständlich, dass auch in unserer Zeit die Gläubigen in der Liturgiekonstitution hinsichtlich der Messe aufgefordert werden: „Sie sollen Gott danksagen" (SC 48). Wie aber sollen sie in der Messe danksagen, wenn nicht das christliche Leben von Dank geprägt ist? Empfinden nicht manche Christen ihren Glauben eher als Last, die ihr Leben einengt, wogegen der ungläubige Mensch als *frei* und damit *glücklich* angesehen wird? Die christlichen Zeugen der ersten Jahrhunderte lebten in einer heidnischen Welt, in der sich die Menschen von den Göttern vielfach bedrängt fühlten. Wenn auch wir in einer Umwelt leben, die ihr Glück im Konsum und in der Unterhaltung sucht, dann soll sich auch heute die Haltung der Christen genauso wie in urchristlicher Zeit davon abheben, die *Frohbotschaft* Jesu Christi das Leben prägen und in die Eucharistie eingebracht werden.

5.2 Gedächtnis an Jesus Christus: „Memoria"

Jesus Christus hat beim Letzten Abendmahl den Aposteln mit den Worten „Tut dies zu meinem Gedächtnis" die Eucharistie als sein Vermächtnis anvertraut und sie beauftragt, sie als *Gedächtnisfeier* zu vollziehen und dadurch „das Opfer des Kreuzes durch die Zeiten hindurch bis zu seiner Wiederkunft fortdauern zu lassen" (SC 47). Zweifelsohne waren sich die Christen von Anfang an bewusst, dass Christus bei ihren Zusammenkünften in ihrer Mitte ist. Gewiss tauschten sie dabei ihre Erinnerungen an die Begegnungen mit Jesus in früheren Tagen aus. Wie schon erwähnt, wurde bereits in apostolischer Zeit der Name *Brotbrechen* von der Bezeichnung *Herrenmahl* abgelöst, um damit die besondere Erinnerung an ihn und ebenso an seine Gegenwart bewusst zu machen. Die im Wortgottesdienst vorgetragenen Lesungen aus dem Alten Testament wurden bald durch die Briefe der Apostel und später durch die Evangelien ergänzt oder ersetzt. Von den Evangelien spricht Justin, wenn er berichtet, dass bei den Zusammenkünften die „Denkwürdigkeiten der Apostel" vorgelesen werden. Die Traditio apostolica empfahl den Christen, sie sollen „Christus immer im Gedächtnis haben". Dies galt doch vor allem für die Eucharistiefeier, für deren Hochgebet die Traditio eine Vorlage enthält, die reichlich vom Gedächtnischarakter geprägt ist.

Was bedeutet „Gedächtnis halten"?

Gedächtnis halten meint im biblisch-liturgischen Verständnis nicht ein bloßes Daran-Denken oder ein Sich-Erinnern, vielmehr versteht man darunter die Vergegenwärtigung der vergangenen oder künftigen Heilstat in der jeweiligen Feier. „Indem Israel der Heilsgeschichte gedenkt, empfängt es sie als Gegenwart, tritt in diese Geschichte ein und wird ihrer Wirklichkeit teilhaft ... ‚Gedächtnis' hat nicht nur mit Vergangenheit und Gegenwart, sondern auch vor allem mit Zukunft zu tun: Es ist Erinnerung des Menschen an Gottes Heilstun, aber gerade so auch Erinnerung Gottes an das, was noch aussteht – Ruf der Hoffnung und des Vertrauens auf das Kommende hin" (Joseph Ratzinger).

Auf dem Hintergrund dieses in vorchristlicher Zeit gewachsenen Verständnisses von *Gedächtnisfeier* hat Jesus die Eucharistie gestiftet. Damit ist die Identität seines Handelns beim Abendmahl mit der aktuellen Feier der Eucharistie gegeben und die Hingabe Jesu am Kreuz, die als Opfer einmaliger Art bezeichnet wird, und seine Auferstehung dauern in ihr fort.

5.3 Gemeinschaft im Heiligen Geist: „Communio"

Am Pfingsttag „befanden sich alle am gleichen Ort ... Alle wurden mit dem Heiligen Geist erfüllt" (Lk 2,1.4). Durch die Geistsendung wurde die Kirche als Gemeinschaft der Gläubigen begründet. Als Ausdruck und Verwirklichung der Gemeinschaft brachen sie in den Häusern das Brot und hatten allen Besitz gemeinsam, sodass es unter ihnen keine Armen gab.

Neben den bereits angeführten Zeugnissen der Didache und des Märtyrers Justin sind vor allem die Mahnungen des Märtyrerbischofs Ignatius von Antiochien (+ nach 107) bemerkenswert. Er ruft in einigen Schriften zum Zusammenkommen auf: „Befleißiget euch daher, dass ihr häufiger zusammenkommt zur Eucharistie Gottes und zum Lobe. Denn wenn ihr euch oft versammelt, wird die Macht Satans gebrochen" (Brief an die Epheser 13). Ebenso mahnt er die Magnesier (7): „Bei eurer Versammlung sei ein Gebet, eine Bitte, ein Sinn, eine Hoffnung in Liebe, in untadeliger Freude, das ist Jesus Christus, im Vergleich zu dem es gar nichts Besseres gibt. Kommt alle zusammen wie in *einen* Tempel Gottes, wie zu *einem* Altar, zu dem *einen* Jesus Christus, welcher von einem Vater ausging und bei dem einen blieb und zu ihm zurückgekehrt ist." Diese Mahnungen zu den gottesdienstlichen Versammlungen, die trotz aller Verfolgungen stattfanden, durchziehen die ersten christlichen Jahrhunderte. Die Christen wählten dafür den ersten Tag der Woche, der für sie Arbeitstag war, um in Dankbarkeit den Sieg Christi über den Tod zu feiern.

Die Kirche führt in ihren gottesdienstlichen Versammlungen nur fort, was in urchristlicher Zeit grundgelegt wurde. Ohne Versammlung gibt es keine Kirche. Das Zweite Vatikanische Konzil konnte daher feststellen: „Seither hat die Kirche niemals aufgehört, sich zur Feier des Pascha-Mysteriums zu versammeln" (SC 6).

Fassen wir die historische Entwicklung zusammen: Die Gestalt der Messe hat sich in der apostolischen Zeit und in den ersten Jahrhunderten als Dank, Gedächtnis und Gemeinschaft gebildet. Dabei hat die junge Kirche vieles aus der jüdischen Tradition übernommen und mit christlichem Inhalt neu geformt. Was in der Anfangszeit gewachsen ist, hat sich im Laufe der Jahrhunderte weiter entwickelt und verschiedene Einflüsse haben die ursprüngliche Gestalt überlagert. Durch die konziliare Reform hat die Messe eine erneuerte Gestalt erhalten, die die ursprünglichen Grundzüge besser erkennen lässt. Diesen Grundzügen in den Texten und Handlungen der erneuerten Messe nachzuspüren, sie zu verbinden mit der Existenz des Menschen und so zu zeigen, wie Messe und Leben eine Einheit bilden sollen, ist unser Vorhaben.

6.
Die Messe ist Dank an den Vater, Gedächtnis an den Sohn und Gemeinschaft im Heiligen Geist

Jesus Christus hat die Eucharistie eingesetzt, damit der Mensch in ihr auf die Grundfragen seines Lebens eine Antwort findet: Eine Antwort auf seine geschenkte und beschenkte Existenz im *Dank an den himmlischen Vater,* auf seine vergängliche menschliche Existenz im *Gedächtnis an Jesu Tod und Auferstehung* und auf seine Existenz in *Gemeinschaft im Heiligen Geist.* Gott handelt zum Heil des Menschen; wenn der Mensch das Angebot Gottes annimmt, trägt er damit zur Verherrlichung Gottes bei, die nicht gemehrt werden kann, sondern wiederum für den Menschen Segen bringt. „Herrlichkeit Gottes ist der lebendige Mensch", schreibt Irenäus von Lyon (+ um 202). In diesem Sinne hat das Zweite Vatikanische Konzil deutlich die Reihung angegeben, in der die Liturgie – und damit vor allem die Eucharistie – wirksam werden soll: „Mit Recht gilt also die Liturgie als Vollzug des Priesteramtes Jesu Christi; durch sinnenfällige Zeichen wird in ihr die Heiligung des Menschen bezeichnet und in je eigener Weise bewirkt und vom mystischen Leib Jesu Christi, d.h. dem Haupt und den Gliedern, der gesamte öffentliche Kult vollzogen" (SC 7).

6.1 Dank, Gedächtnis und Gemeinschaft in der Versammlung

Die Eröffnung der Messe

„Ihr Ziel ist es, dass die zusammenkommenden Gläubigen eine Gemeinschaft bilden und sich darauf vorbereiten, in rechter Weise das Wort Gottes zu hören und würdig die Eucharistie zu feiern“ (GROM 42).

6.1.1 Der Dank in der Eröffnung

Bereits in der Eröffnung der Messe soll die Zusammenkunft der Gläubigen als danksagende Gemeinschaft erfahrbar werden. Sie soll darüber hinaus auf die besondere Danksagung im eucharistischen Teil vorbereiten.

Die Bedeutung der sonntäglichen Messe

Was im Zweiten Hochgebet als Begründung für den besonderen eucharistischen Dank ausgesagt wird, gilt für die Versammlung überhaupt: „Wir danken dir, dass du uns berufen hast, vor dir zu stehen und dir zu dienen.“ Dabei ist nicht eine bestimmte Körperhaltung gemeint, sondern die Würde des Christen, der von Gott gleichsam aufgerichtet wurde und als sein Sohn oder seine Tochter vor ihm sein darf.

Dies gilt vor allem für die Feier der Messe am Sonntag, dem Tag der Auferstehung, in der uns Christus aus der Finsternis in sein wunderbares Licht gerufen hat (vgl. Präfation für die Sonntage 1). Aus dem Paschamysterium, dem Tod und der Auferstehung Christi, leitet das Zweite Vatikanische Konzil die Forderung ab: „An diesem Tag *müssen* die Christgläubigen zusammenkommen, um das Wort Gottes zu hören, an der Eucharistiefeier teilzunehmen und so des Leidens, der Auferstehung und der Herrlichkeit des Herrn Jesus zu gedenken und Gott dankzusagen, der sie ‚wiedergeboren hat zu lebendiger Hoffnung durch die Auferstehung Jesu Christi von den Toten' (1 Petr 1,3)". Der Ausdruck „müssen", der hier gebraucht wird, ist vom Konzil im Allgemeinen vermieden worden, doch für die Teilnahme an der sonntäglichen Messe wird er bewusst verwendet. Damit ist nicht in erster Linie die Befolgung eines Gebotes gemeint, sondern die Selbstverständlichkeit, die sich aus Taufe und Firmung ergibt. So wie man Kontakt halten *muss*, damit eine Freundschaft nicht verwelkt oder vielleicht sogar in Vergessenheit gerät, *müssen* auch die Christen ständig untereinander Kontakt halten und miteinander und füreinander ihren Glauben bezeugen. Deshalb ist es entscheidend, wie der Getaufte und Gefirmte sein Christsein auffasst: Sieht er darin bloß eine Pflicht wird er schwerlich dafür auch noch Dank sagen. Weiß er sich aber durch den Glauben an Jesus Christus beschenkt und zur *Freiheit der Kinder Gottes* berufen, wird das Danken für ihn zur Selbstverständlichkeit.

Die Atmosphäre ist entscheidend

Die Sonntagsmesse als die Mitte aller liturgischen Handlungen soll daher von Anfang an von einer frohen und einladenden Atmosphäre geprägt sein. Das wichtigste Element ist dabei der Gesang, der vornehmlich Freude und Zuversicht, Lob und Dank ausdrückt. Auch der Priester hat die Möglichkeit, nach dem liturgischen Gruß durch ein paar Worte eine dem Dank angemessene Stimmung zu schaffen. Ebenso soll das Kyrie, das häufig als Bußruf angesehen wird, in seiner ursprünglichen Bedeutung als dankbare Huldigung an Christus gesehen werden. Höhepunkt der danksagenden Elemente in der Eröffnung ist das Gloria mit seinen Lobpreisungen, die im Dank gipfeln: „Wir loben dich, wir preisen dich, wir beten dich an, wir rühmen dich und danken dir, denn groß ist deine Herrlichkeit."

Schließlich werden die verschiedenen Elemente der Eröffnung im Tagesgebet zusammengefasst, das in der Regel mit einer Lobpreisung Gottes, die unter einem bestimmten Gesichtspunkt steht, eingeleitet wird. Erst nach dem Dank für alles, was Gott durch Jesus Christus für uns getan hat, folgt die entsprechende Bitte. So wird an Weihnachten das Tagesgebet mit folgender dankbarer Erinnerung eingeleitet: „Herr, unser Gott, in dieser hochheiligen Nacht ist uns das wahre Licht aufgestrahlt." An Ostern wird dankbar die Auferstehung erwähnt: „Allmächtiger, ewiger Gott, am heutigen Tag hast du durch deinen Sohn den Tod besiegt und uns den Zugang zum ewigen Leben erschlossen." Ebenso hat die Schlussformel des Tagesgebetes keineswegs bloß die Aufgabe, dass die Gläubigen die vom Priester ausgesprochene Bitte durch das *Amen* bekräftigen können, vielmehr wird in ihr Jesus Christus als der Mittler und Hohepriester gepriesen, der als unser Fürsprecher die Anliegen der Versammelten vor den Vater im Himmel bringen möge.

Weil Dank die ganze Messe prägen soll, wird sie auch insgesamt als Eucharistiefeier bezeichnet. Die Danksagung mit Brot und Wein im Hochgebet strahlt gleichsam auf die anderen Teile aus und gibt der ganzen Feier den lobpreisenden und danksagenden Charakter.

6.1.2 Das Gedächtnis in der Eröffnung

Von Beginn an ist die Messe Versammlung in der Gegenwart Christi, die er versprochen hat, wenn man *in seinem Namen* zusammenkommt. Es ist uns daher aufgetragen, aus dieser Zusage die Folgerungen für eine dementsprechende Feier des Gottesdienstes zu ziehen: Wie schon oben erwähnt, soll seine Gegenwart durch die Art und Weise des Feierns, des Betens und Singens bewusst werden. Die Gläubigen sollen erfahren können, wozu die Gemeinde von Kolossä aufgefordert wird: „Christus ist unter euch, er ist die Hoffnung auf Herrlichkeit" (Kol 1,27). Diese Versammlung soll sich bewusst von anderen Zusammenkünften abheben und als *Herrenmahl* erkennbar sein.

Deshalb ruft der Priester schon am Beginn der Messe die Gegenwart Christi in Erinnerung und wünscht sie den Versammelten im liturgischen Gruß: „Der Herr sei mit euch". Das Kyrie eleison ist in dieser Hinsicht ein Zuruf an den gegenwärtigen Christus.

„In seinem Namen" versammelt

Was heißt für die Gemeinde „in seinem Namen" versammelt zu sein? Es ist damit zunächst ein *Gedenken* an Jesus gemeint, um mit ihm eine geistliche Verbindung einzugehen. Es ist auch naheliegend zu sagen, man ist *in seinem Geist und Sinn* versammelt. Schließlich kann man *in seinem Namen* auch als Stellvertretung verstehen, da er in den Menschen *mitten unter ihnen* ist. Dies bedeutet, im anwesenden Bruder und in der anwesenden Schwester Glieder des Leibes Christi zu erkennen und ihn oder sie anzunehmen, wie man Christus annehmen will. Eine anspruchsvolle und folgenreiche Gegebenheit für die feiernde Gemeinde!

Der sakrale Raum

Es ist ein großer Vorteil, wenn durch den Kirchenraum eine Atmosphäre vorhanden ist, die diesem Anliegen entgegenkommt. Der Altar ist dessen wohlgestaltete Mitte, der Tisch des Herrn, der durch einen Kuss begrüßt und in der festlichen Feier durch die Beräucherung mit Weihrauch geehrt wird. So stellt der Altar Christus dar, dem diese Ehrenbezeugungen gelten und der die Mitte der versammelten Gemeinde ist.

6.1.3 Die Gemeinschaft in der Eröffnung

„In der Messe, dem Herrenmahl, wird das Volk Gottes zu einer Gemeinschaft unter dem Vorsitz des Priesters, der in der Person Christi handelt, zusammengerufen, um das Gedächtnis des Herrn, das eucharistische Opfer zu feiern. Deshalb gilt für diese Zusammenkunft der heiligen Kirche an einem Ort in hervorragender Weise die Verheißung Christi: ‚Wo zwei oder drei in meinem Namen versammelt sind, da bin ich mitten unter ihnen' (Mt 18,20)" (GROM 27).

Der Heilige Geist eint die Versammelten

Die Gläubigen kommen zusammen, um zusammenzufinden. Sie sollen gemeinsam feiern „in der Einheit des Heiligen Geistes", dessen Früchte Liebe, Freude, Freundlichkeit und Güte sind (vgl. Gal 5,22). Diese Gesinnung soll durch eine herzliche Atmosphäre, durch die tätige Teilnahme am gemeinsamen Beten und Singen, aber auch durch die gemeinsamen Haltungen ausgedrückt werden. Die Eröffnung der Messe mit ihren gemeinschaftsbildenden Elementen hat in dieser Hinsicht eine wichtige Funktion.

Gemeinschaft stiftende Elemente

Deshalb beginnt die Messe mit Gesang, der die Gläubigen verbinden und auf die liturgische Zeit oder das Fest, auf den Wortgottesdienst und die Eucharistie ausrichten will. Während des Gesanges zieht der Priester mit denen zum Altar, die einen besonderen Dienst verrichten. Der Einzug soll nicht nur ein notwendiger Ortswechsel von der Sakristei zum Altar sein, sondern je nach den gegebenen räumlichen Verhältnissen zu einer Symbolhandlung werden, die besagt, dass diejenigen, die zum Altar ziehen, aus der versammelten Gemeinde kommen und in ihrem Dienst stehen.

Der Priester als Vorsteher der Gemeinde und als Leiter der Feier begrüßt die Versammelten und stellt damit Gemeinschaft her, wie es dem Wesen des Grußes entspricht.

Wenn das Schuldbekenntnis gesprochen wird, soll bewusst werden, dass die Gläubigen als sündige Menschen versammelt sind und der Barmherzigkeit Gottes bedürfen.

Es ist keineswegs zu fördern, dass an Sonn- und Feiertagen bestimmte Gruppen im kleinen Kreis Messe feiern. Die Messe will die Gläubigen, die aus verschiedenen Milieus kommen, Kinder, Erwachsene und ältere Menschen, Gebildete und Ungebildete, Wohlhabende und Arme sind, zu einer Gemeinschaft im Heiligen Geist machen.

Es ist zu beachten, dass die Eröffnung vorbereitenden Charakter hat und daher eine unangemessene Länge vermieden werden soll. Sie soll auf den Wortgottesdienst und die Eucharistie vorbereiten; doch jetzt schon in vielen Worten deren Inhalte vorwegzunehmen, ist nicht Aufgabe der Eröffnung. Sie darf zu keinem Hauptteil der Messe werden!

6.2 Dank, Gedächtnis und Gemeinschaft im Wortgottesdienst

„Durch das Wort Gottes wird das Heilswerk unaufhörlich gegenwärtig gesetzt und fortgeführt und findet im gottesdienstlichen Tun sogar erst seinen vollen Ausdruck … (Es) ist durch die Kraft des Heiligen Geistes immer lebendig und wirksam … Je gründlicher man den Gottesdienst erfasst, umso höher wird man die Bedeutung des Wortes Gottes schätzen“ (PEM 4–6).

6.2.1 Der Dank im Wortgottesdienst

Die erste Aufgabe des Wortgottesdienstes ist die Verkündigung des Wortes Gottes, durch das wir erfahren, was Gott in der Geschichte des Heils für uns getan hat und welche Hoffnung für die Zukunft noch aussteht. Doch ist das Wort Gottes nicht nur Information, vielmehr ist Christus im Wort gegenwärtig und damit teilt er uns sich selbst mit und wirkt durch seinen Heiligen Geist in den Gläubigen. Es ist deshalb angemessen, dass die Gläubigen auf dieses Geschenk reagieren und auch den Wortgottesdienst als Feier gestalten, in dem Lob und Dank nicht fehlen dürfen.

Wenn auch das Wort Gottes meist gesprochen verkündet wird, so ist es angemessen, es an Feiertagen zu singen. An Weihnachten oder Ostern wird besonders deutlich, dass die Verkündigung keineswegs eine Mitteilung von etwas Neuem ist, sondern viel eher die Proklamation des Festinhaltes, den alle kennen. Im gesanglichen Vollzug schwingen Freude und Dankbarkeit mit.

Die Bedeutung der Gesänge im Wortgottesdienst

Im *Antwortpsalm* wird vom Kantor ein kurzes einprägsames Schriftwort vorgesungen und von der Gemeinde aufgegriffen. Es wird nicht immer ein Lobpsalm oder ein lobpreisender Kehrvers sein können. Doch die Tatsache, dass die Gemeinde singend antwortet, drückt Dankbarkeit aus.

Das *Halleluja* oder der entsprechende Gesang in der Quadragesima sind in jedem Fall eine von Lob und Dank erfüllte Begrüßung des im Wort gegenwärtigen

Herrn. Ebenso wird Christus in den Akklamationen, die das Evangelium umgeben, freudig gepriesen. Besonders an Sonn- und Feiertagen kann durch eine Evangelienprozession der Dankcharakter ausgedrückt werden. Durch eine entsprechende Gestaltung wird der Wortgottesdienst von der Gefahr der Wortlastigkeit befreit.

Das Credo als Lobpreis

Das Credo ist die dankbare Antwort auf das Wort Gottes. Es ist nicht nur, wenn auch vorrangig, ein Bekenntnis des Glaubens, sondern auch ein Lobpreis für die Heilstaten des dreifaltigen Gottes. Deshalb ist auch der gesungene Vollzug sinnvoll und zu fördern. Im selben Sinn wurde das Credo festlich vertont und ist in seiner Mehrstimmigkeit ein Lobpreis Gottes.

„Das Wort Gottes, das die Kirche im Gottesdienst liest und verkündet, zielt geradezu darauf ab, zur Eucharistie ... hinzuführen. Daher ist die Feier der Messe, in der das Wort verkündet und gehört und die Eucharistie dargebracht und empfangen wird, ein einziger gottesdienstlicher Akt. In ihm wird Gott das Opfer des Lobes dargebracht und den Menschen die Fülle der Erlösung geschenkt" (PEM 10).

6.2.2 *Das Gedächtnis im Wortgottesdienst*

Die Verkündigung des Wortes Gottes ist zutiefst Gedächtnisfeier an die Heilstaten, die Gott auf Christus hin und durch Christus für uns gewirkt hat. Das Vorlesen der Texte aus der Heiligen Schrift ist also nicht ein bloßes Erinnern, sondern wird zu einem neuen Heilsereignis, das im Verkünder und in den Hörern wirksam werden soll.

Hinführung zur Eucharistie

In jeder sakramentalen Handlung erschließt das Wort den Sinn des Sakramentes, so auch in der Messe. Die im Großen und Ganzen gleichbleibende eucharistische Handlung wird durch das jeweilige Wort Gottes mit einem geistlichen Inhalt verbunden, in dem sie vertieft und wirksam werden soll. Das Wort gibt der Eucharistie gleichsam eine *Farbe* und hat in dieser Hinsicht eine vorbereitende Funktion. So erinnert es uns an Weihnachten an die Geburt Jesu und will durch die Eucharistie die Gnade der Kindschaft in uns erneuern; an Ostern wird die Botschaft von der Auferstehung Jesu verkündet, die in der Teilnahme an der Eucharistie in den Gläubigen wirksam wird. In dieser Hinsicht bilden Wort Gottes und Eucharistie eine geistliche Einheit.

Die Eucharistie mit ihrer unerschöpflichen Fülle als *Geheimnis des Glaubens* verlangt nach dieser Vorbereitung und Hinführung durch das Wort Gottes. In dem einleitend zitierten Satz wird in diesem Sinn argumentiert: Wer die Messe verstehen will, wird das Wort Gottes schätzen. Daraus folgt: „Daher nehmen die Gläubigen umso tiefer am Gottesdienst teil, je aufrichtiger sie sich bemühen, dem in Christus Mensch gewordenen Wort Gottes selbst nachzufolgen, wenn sie es im Gottesdienst verkündet hören“ (PEM 6).

Der Tisch des Gotteswortes wird ständig reichlich gedeckt, um vom Tisch der Eucharistie das Brot des Lebens fruchtbringend zu empfangen.

6.2.3 Die Gemeinschaft im Wortgottesdienst

„Durch das Hören des Wortes Gottes baut sich die Kirche auf und wächst“ (AEL 7). Der Wortgottesdienst zielt also darauf ab, dass sich die versammelte Gemeinde durch das Wort Gottes formen lässt und so zu einer *Gesinnungsgemeinschaft* wird. Auch Jesus prägte die Jüngerschaft durch sein Wort und gab ihr den Auftrag, zu allen Völkern zu gehen, alle Menschen zu seinen Jüngern zu machen und sie zu lehren (vgl. Mt 28,19f.). In der Apostelgeschichte wird berichtet, dass sich die Apostel bald durch karitative Aufgaben überfordert fühlten und beschlossen: „Wir wollen beim Gebet und beim Dienst am Wort bleiben“ (Apg 6,5). Diese Entscheidung ist zeitlos gültig: Die Verkündigung des Wortes hat auch heute Vorrang vor anderen pastoralen Aufgaben.

Gemeinsame Erinnerungen schaffen Gemeinschaft. Mit welcher Aufmerksamkeit und Freude können doch alte Freunde, die sich treffen, von ihren gemeinsamen Erlebnissen in der Kindheit oder Jugendzeit erzählen und sich dadurch verbunden fühlen! So soll auch die Erinnerung an die Heilstaten Gottes Gemeinschaft unter den Gläubigen schaffen und vertiefen.

Die Kirche wird in der Verkündigung des Wortes zu einem unaufhörlich fließenden Brunnen, aus dem sie das Wasser des Lebens schöpft, um sich damit zu reinigen und zu heiligen.

Der Dienst am Wort

Priester, Diakon und Lektor, die das Wort Gottes verkünden, üben für die versammelte Gemeinde einen unersetzlichen Dienst aus. Im überzeugten Vortragen der Lesungen liegt die erste Voraussetzung für das fruchtbringende Hören und wer ständig das Wort Gottes mit offenem Herzen hört, wird von ihm geprägt werden. Hier gilt das Sprichwort „Steter Tropfen höhlt den Stein“.

Bei der Verkündigung sollen Priester, Diakon, Lektoren und Kantoren zusammenwirken, wodurch deutlich wird, dass alle Hörende sind und niemand über dem Wort Gottes steht. Wenn auch von der Natur der Sache her bei der Verkündigung selbst nicht alle beteiligt sein können, so können doch im Antwortgesang Worte der Heiligen Schrift von allen aufgegriffen und damit zur Verkündigung anderer Art werden und in spiritueller Hinsicht prägend sein. Als Wechselgesang zwischen dem Kantor und der Gemeinde ist der Antwortgesang vorzüglich geeignet, den Wortgottesdienst zu einer gemeinsamen Feier zu machen. Somit ist der Antwortgesang ein wesentliches Element des Wortgottesdienstes, das zu seiner Würde, seiner Gemeinschaft stiftenden Bedeutung und seiner Wirkung einen wichtigen Beitrag leistet.

Die Bedeutung der Homilie

Die Texte der Lesungen stammen aus einer anderen Zeit und aus anderen Situationen und verlangen nach einer Auslegung in der Homilie des Priesters oder Diakons. Das Wort Gottes muss für die Gemeinde *übersetzt* werden, damit es zu seiner vollen Wirkung kommen kann. Dieser Dienst an der versammelten Gemeinde ist unersetzlich und trägt dazu bei, dass das in der Vergangenheit formulierte Wort in der gegenwärtigen Situation lebendig und wirksam wird.

Die Homilie ist vor allem der Ort in der Feier der Messe, wo auch auf das konkrete Leben der Gläubigen eingegangen werden soll. In ihr kann die menschliche Existenz in ihrer ganzen Breite aufgegriffen und mit dem Wort Gottes verbunden werden. Diese Verbindung bewirkt Aktualität und ergibt für das Leben einen spirituellen Gewinn. Die Homilie entscheidet vielfach, ob die Messe den Gläubigen subjektiv etwas gibt. Papst Franziskus hat in seinem Rundschreiben *Evangelii gaudium* ihre Bedeutung hervorgehoben: „Die Homilie ist der Prüfstein, um die Nähe und die Kontaktfähigkeit eines Hirten zu seinem Volk zu beurteilen. In der Tat wissen wir, dass ihr die Gläubigen große Bedeutung beimessen; und sie, wie die geweihten Zuhören, die anderen beim Predigen“ (EG 135). Die Homilie soll nach den Worten des Papstes die Gemeinde „auf eine Gemeinschaft mit Christus in der Eucharistie hin“ ausrichten. „Das erfordert, dass das Wort des Predigers nicht einen übertriebenen Raum einnimmt, damit der Herr mehr erstrahlt als der Diener“ (EG 138). Der Papst gibt abschließend einen Rat: „Wie gut ist es, wenn sich Priester, Diakone und Laien regelmäßig treffen, um gemeinsam Mittel und Wege zu finden, um die Verkündigung attraktiver zu gestalten“ (EG 159).

Es wäre ein wichtiger Dienst am Wort Gottes und eine große Hilfe für den Prediger, wenn an einem Tag der Woche *ein Abend für den Sonntag* gehalten würde, an dem sich Priester, Lektoren, Kantoren und weitere Gemeindemitglieder treffen, um über die am nächsten Sonntag vorgesehenen Lesungen zu sprechen. So würde auch die Homilie in einem gewissen Sinn von der Gemeinde mitgetragen werden.

Die Aufgabe der Fürbitten

Der Wortgottesdienst wird durch das Allgemeine Gebet, die Fürbitten, abgeschlossen. Sie sind durch Gestalt und Inhalt in besonderer Weise Aufgabe der versammelten Gemeinde. Sie bekräftigt durch ihre Akklamation die vom Vorbeter vorgetragenen Fürbitten und macht sich dadurch die Anliegen zu Eigen. Aber ebenso sprengen die Fürbitten die Enge der Versammelten, indem sie Anliegen der gesamten Kirche, der Regierenden und der Welt, die verschiedenen Nöte der Menschen und die Anliegen der eigenen Gemeinde aufgreifen. Sie sind daher auch ein Bindeglied zwischen dem jeweiligen Gottesdienst und den aktuellen Geschehnissen in Kirche und Welt. Dabei können Bücher oder andere Vorlagen nur eine Hilfe sein, aber niemals den aktuellen Bezug zu den gegenwärtigen Ereignissen ersetzen. Es ist zu vermeiden, dass aus einem Buch Fürbitten vorgetragen werden, die im Jahr seines Erscheinens aktuell waren, aber gegenwärtig sinnlos sind und damit ins Leere gehen.

Die Fürbitten bringen nicht aus sich selbst heraus eine Wirkung, sondern nur, wenn sich die versammelte Gemeinde mit den Bitten identifizieren kann und von ihrem Gehalt innerlich bewegt wird. Neben den Anliegen, von denen viele Anwesende betroffen sind, wie die Kranken und die Verstorbenen, sollen besondere Ereignisse in der jeweiligen Gemeinde, aber auch manche aktuelle Nachricht der Medien aufgegriffen werden. Jedenfalls sind die Fürbitten ein wichtiges Element, um Messe und Leben zu verbinden.

Abschließend sei auf eine Mahnung des Apostels Paulus, die er an die Gemeinde von Philippi gerichtet hat, hingewiesen: „Seid untereinander so gesinnt, wie es dem Leben in Christus Jesus entspricht" (Phil 2,5). Der Wortgottesdienst dient dazu, eine solche Gesinnungsgemeinschaft zu formen. Es bedarf keiner geringen Mühe, um nur annähernd dieses Ziel zu erreichen!

6.3 Dank, Gedächtnis und Gemeinschaft in der Eucharistie

„Beim Letzten Abendmahl setzte Christus das österliche Opfer und Mahl ein, durch das in der Kirche das Kreuzesopfer fortwährend gegenwärtig gesetzt wird, sooft der Priester, der Christus, den Herrn, repräsentiert, dasselbe vollzieht, was der Herr selbst getan und den Jüngern zu seinem Gedächtnis zu tun anvertraut hat. Christus nahm nämlich das Brot und den Kelch, sagte Dank, brach das Brot und reichte beides seinen Jüngern mit den Worten: Nehmet, esset, trinket; das ist mein Leib; das ist der Kelch meines Blutes. Tut dies zu meinem Gedächtnis. Daher hat die Kirche die ganze Feier der Eucharistischen Liturgie in Teile gegliedert, die diesen Worten und Handlungen Christi entsprechen:

1. Bei der Gabenbereitung werden Brot und Wein mit Wasser zum Altar getragen, jene Elemente also, die Christus in seine Hände genommen hat.
2. Im Eucharistischen Hochgebet wird Gott für das gesamte Heilswerk Dank gesagt, und die Opfergaben werden Christi Leib und Blut.
3. Durch die Brotbrechung und die Kommunion empfangen die Gläubigen, obwohl sie viele sind, von dem einen Brot den Leib und aus dem einen Kelch das Blut des Herrn auf die gleiche Weise wie die Apostel aus Christi eigenen Händen“ (GROM 72).

Diese aufgezeigte Parallele zwischen der Handlung Jesu beim Letzten Abendmahl und der Grundstruktur der Eucharistie legt es nahe, derselben Ordnung zu folgen: Gabenbereitung, Hochgebet, Kommunion.

6.3.1 Die Gabenbereitung

Ihre Bedeutung für das Verständnis der Eucharistie

Mit der Gabenbereitung wird der Altar zum Mittelpunkt der Messe. Die Mitte war er von Anfang an: Er wurde mit einem Kuss begrüßt und im feierlichen Gottesdienst beräuchert. Aber nun bringen die Gläubigen die Gaben zum Altar, damit sie zum *Sakrament des Altares* werden. Mit diesem Namen wird die Eucharistie im Tagesgebet von Fronleichnam bezeichnet. Sie ist also nicht, wie schon erwähnt, *Sakrament des Tabernakels,* denn die Eucharistie ist vorrangig *eine Handlung* am Altar.

Die Gabenbereitung besteht vor allem im Herbeibringen der Gaben von Brot und Wein. Diese weithin zu einem Schrumpfvorgang verkommene Handlung hat eine große Aussagekraft und Bedeutung, die für das Verständnis der Eucharistie nicht gering eingeschätzt werden darf.

Papst Johannes Paul II. führt in seinem Schreiben über die Eucharistie zur Gabenbereitung aus: „Dieser liturgische Akt, den fast alle Liturgien feierlich gestalten, hat nämlich ‚seinen geistlichen Wert und seine geistliche Bedeutung'. Brot und Wein werden gewissermaßen zum Symbol für alles das, was die Gemeinde bei der Eucharistiefeier Gott zum Opfer bringt und im Geist darbietet. Es ist wichtig, dass dieser erste Akt der eucharistischen Liturgie im engeren Sinn auch im Verhalten der Teilnehmer zum Ausdruck kommt. Dem entspricht die so genannte Gabenprozession, wie sie die jüngste Liturgiereform vorsieht, wobei nach alter Überlieferung ein Psalm oder ein Lied gesungen wird. Dabei ist ein gewisser Zeitraum notwendig, damit sich alle dieses Vorgangs bewusst werden können, der zugleich durch die Worte des Zelebranten gedeutet wird" (CDom 9). Diese konkreten Anweisungen eines Papstes verdienen berücksichtigt zu werden, denn Brot und Wein sollen als die zentralen Symbole der Eucharistie zur Geltung kommen.

Der Altar ist die Mitte

Im festlichen Gottesdienst an Sonn- und Feiertagen sollen Brot und Wein durch Vertreter der Gemeinde von einer geeigneten Stelle im Kirchenraum zum Altar gebracht werden. Man sollte sich an diesen Tagen nicht mit der gewohnten alltäglichen Weise begnügen, in der Ministranten oder Ministrantinnen die Gaben von der Kredenz, die nahe beim Altar steht, auf kurzem Weg zum Altar bringen und dem Priester in die Hand reichen. In jedem Fall nimmt der Priester die Gaben entgegen und stellt sie unter Lobpreis auf den Altar: „Gepriesen bist du, Herr, unser Gott, Schöpfer der Welt. Du schenkst uns das Brot (den Wein), die Frucht der Erde und der menschlichen Arbeit. Wir bringen dieses Brot (diesen Kelch) vor dein Angesicht, damit es uns das Brot des Lebens (der Kelch des Heiles) werde." (Wenn der Priester die Worte laut spricht, antwortet das Volk: „Gepriesen bist du in Ewigkeit, Herr, unser Gott.") Dabei wird in der Versammlung der Gläubigen verwirklicht, was Jesus tat, als er das Brot und den Becher mit Wein in seine Hände nahm.

In der festlichen Feier der Messe werden die Gaben und der Altar durch die Beräucherung in besonderer Weise geehrt. Aber auch der Priester und die Gläubigen werden beräuchert; ihre Hingabe soll ja zum eigentlichen *Mehrwert* der eucharistischen Handlung werden.

Bei der Gabenbereitung entscheidet sich auch, ob die Kommunion nur in der Brotgestalt oder in der Vollgestalt mit Brot und Wein vom Volk empfangen wird. Erst in dieser Doppelgestalt wird die Fülle der Eucharistie erlebbar. Der bloß praktische Gesichtspunkt entspricht ganz und gar nicht den sonst üblichen Gewohnheiten beim Feiern von Festen. Das Trinken aus dem einen Kelch hat eine besondere Aussagekraft. Ob aber nicht doch als Kompromiss das Eintauchen der Hostie in den Wein die Teilnahme am Kelch des Herrn fördern würde?

Die Gabenbereitung findet ihren Abschluss im Gabengebet, in dem diese vorbereitende Handlung nochmals gedeutet und vielfach auf das kommende Geschehen hingewiesen wird. So lautet es am 20. Sonntag im Jahreskreis: „Herr, wir bringen unsere Gaben dar für die Feier, in der sich ein heiliger Tausch vollzieht. Nimm sie in Gnaden an und schenke uns dich selbst in deinem Sohn Jesus Christus." Dieser hier angesprochene Tausch vollzieht sich in der Annahme der zum Altar gebrachten Gaben, die wir, verwandelt in den Leib und das Blut Christi, als Geschenk in der Kommunion vom Altar zurück erhalten.

Die innere Bereitung

Der äußere Ablauf fordert den inneren Mitvollzug, der darauf abzielt, dass durch die ständige Wiederholung gefördert werden soll, „sich selbst hinzugeben" (SC 49). Das still gesprochene Gebet des Priesters drückt die Haltung aus, die alle bei der Gabenbereitung haben sollen: „Herr, wir kommen zu dir mit reumütigem Herzen und mit demütigem Sinn. Nimm uns an und gib, dass unser Opfer dir gefalle." Diese innere Bereitung wird im Herbeibringen der Gaben durch die Gläubigen symbolisch dargestellt.

So wird im vorausgehenden Wortgottesdienst die rechte Gesinnung geformt, in der Gabenbereitung soll unsere Hingabe bereitet werden, im Eucharistischen Hochgebet wird sie vollzogen. Wie der Name sagt, werden die Gaben in diesem Teil der Eucharistiefeier nur bereitet. Doch hat Papst Johannes Paul II., wie oben erwähnt, sehr bemerkenswert nur für die Gabenbereitung einen konkreten Hinweis gegeben: „Dabei ist ein gewisser Zeitraum notwendig."

Dank für alle guten Gaben

Bei besonderen Anlässen (z. B. bei feierlichen Messen des Papstes) werden außer Brot und Wein auch andere Gaben, die im Leben eine besondere Bedeutung haben, gebracht und meist in der Nähe des Altars hingestellt. Wenn Erntedank gefeiert wird, sind die verschiedenen Erntegaben ein Zeichen des Dankes für alle guten Gaben. Dadurch soll bewusst werden, dass genügend Nahrung nicht selbstverständlich und letztlich als „Frucht der Erde und der menschlichen Arbeit" ein Geschenk Gottes ist. Im täglichen Tischgebet greifen wir ständig diese Haltung der Dankbarkeit für das tägliche Brot auf.

Jesus Christus – Brot des Lebens und Leben spendender Weinstock

Was haben Brot und Wein für Jesus bedeutet? Warum wollte er für die Menschen wie Brot sein und warum nahm er beim Letzten Abendmahl Brot und den Becher mit Wein in seine Hände? Er selbst hat sich als „Brot für das Leben der Welt" (Joh 6,41) und als Leben spendender Weinstock (vgl. Joh 15) bezeichnet. Brot und Wein sind ein treffendes Symbol seines Daseins für die Menschen, aber in vorzüglicher Weise für seinen Tod und seine Auferstehung.

Brot und Wein sprechen eine deutliche Sprache: Wenn aus Weizen Brot werden soll, muss er gemahlen, und wenn man aus den Trauben Wein gewinnen will, müssen sie gekeltert werden; sie verlieren dabei ihre Gestalt, sie müssen gleichsam *sterben*. Das Brot wird gebacken, der Wein muss ausgären; beide machen also eine *Veränderung* durch und werden dadurch zu Speise und Trank für den Menschen. Der Mensch isst das Brot und trinkt den Wein; wieder gehen im Verzehren beide Nahrungsmittel gleichsam zu Grunde. Aber nur so erreichen Brot und Wein letztlich ihre Bestimmung und ihren Sinn: Der Mensch lebt von Brot und Wein; sie sind für ihn *Lebensmittel* und stehen stellvertretend für jede Speise und jeden Trank. Durch sie hat das Leben des Menschen Bestand, ohne sie verfällt es dem Tod.

Symbole für Tod und Auferstehung Jesu

So wird verständlich, dass Jesus kein besseres Symbol als Brot und Wein finden konnte, um seinen Tod und seine Auferstehung darzustellen und fortdauern zu lassen. Er hat in seinem Leben und Sterben verwirklicht, was er über seine Sendung gesagt hat: „Wenn das Weizenkorn nicht in die Erde fällt und stirbt, bleibt es allein, wenn es aber stirbt, bringt es reiche Frucht" (Joh 12,24). In seiner selbstlosen Liebe hat er sich für die Menschen verzehrt und wollte von den Menschen gleichsam verzehrt werden: in der Liebe zu den Armen und Kranken, den Sündern und allen Menschen. In seinem Sterben verging er wie Brot und Wein, damit die Menschen durch seine Auferstehung „Leben in Fülle haben" (Joh 10,10). Darum nahm er am Abend vor seinem Leiden diese beiden alltäglichen Lebensmittel, Brot und Wein, in seine Hände und machte sie für alle Zeit zu Zeichen seiner Liebe.

Symbole für das menschliche Leben

Brot und Wein sind aber ebenso Symbole für die Minderungen und für die Entfaltung des menschlichen Lebens. Deshalb bezeichnet der Priester bei der Gabenbereitung Brot und Wein als „Frucht der Erde und der menschlichen Arbeit“. Der Mensch arbeitet, um sich das tägliche Brot zu verdienen. Der Wein ist Symbol für die Mühsal des Lebens, deshalb spricht man vom bitteren Kelch, der mit Tränen gefüllt ist. Aber ebenso ist das Brot Zeichen des Erfolges und der Dankbarkeit und der Wein ist Sinnbild für Lebensfreude und Lebensfülle. Damit aber haben Brot und Wein die Voraussetzung, dass auch der Mensch sein Leben in sie einbringen und durch sie darstellen kann.

„Wer dies Geheimnis feiert, soll selber sein wie Brot;
so lässt er sich verzehren von aller Menschen Not.
Als Brot für viele Menschen hat uns der Herr erwählt;
wir leben füreinander und nur die Liebe zählt.
Geheimnis des Glaubens: Im Tod ist das Leben.“

(Lothar Zenetti)

Gemeinschaft mit Brot und Wein

Wir essen nicht bloß, um uns zu sättigen, wir halten miteinander Mahl. In der Familie, in einer Gruppe oder auch bei einem Besuch drückt das gemeinsame Essen und Trinken Gemeinschaft aus. Der Mensch feiert Feste mit einem Mahl als Ausdruck gemeinsamer Freude und sieht in der Gastfreundschaft ein hohes menschliches Ideal verwirklicht. Deshalb nahm Jesus bei einem Mahl Brot und Wein, um damit anzudeuten:

Ich will die Menschen, die an mich glauben, beim Essen dieses Brotes und beim Trinken dieses Weines zu einer Gemeinschaft zusammenführen.

Die Gabenbereitung als soziale Herausforderung

In den ersten Jahrhunderten war mit der Gabenbereitung eine Sach- oder Geldspende für die Armen und Bedürftigen verbunden. Einen letzten Rest dieses Brauches, der in manchen Weltgegenden heute noch üblich ist, können wir in der gegenwärtig üblichen Geldsammlung erkennen. Das Ergebnis gehört vor allem für den Bedarf der jeweiligen Kirche, doch ist es bei besonderen Anlässen üblich, mit der Gabenbereitung eine Sammlung für karitative Zwecke oder für ein anderes Anliegen zu verbinden. Diese karitative Gesinnung betont Paulus in seinem Aufruf an die Christen von Korinth zur Unterstützung der Not leidenden Mitchristen von Jerusalem: „Denn euer Dienst und eure Opfergabe füllen nicht nur die leeren Hände der Heiligen, sondern werden weiterwirken als vielfältiger Dank an Gott“ (2 Kor 9,12). Dadurch wird die Gabenbereitung zu einer Nahtstelle zwischen Messe und Leben. Eucharistie und Diakonie sind eng miteinander verbunden.

Das Gabengebet von Fronleichnam greift die Einheit und den Frieden als Wirkung der Eucharistie auf:

„Herr, unser Gott, wir bringen das Brot dar, das aus vielen Körnern bereitet,
und den Wein, der aus vielen Trauben gewonnen ist.

Schenke deiner Kirche, was die Gaben
geheimnisvoll bezeichnen:
die Einheit und den Frieden."

Messe und Leben

Feiern hebt aus dem alltäglichen Leben heraus und will Sinn erschließen! In der Feier der Messe ist die Gabenbereitung ein Bindeglied zu unserem Leben und erschließt durch die Gaben selbst den Sinn unseres Lebens. Die grundlegende Existenz des Menschen wird in Brot und Wein dargestellt:

- Das Leben ist ein Geschenk und ein Beschenkt werden: Zeigen uns die Nahrungsmittel Brot und Wein nicht deutlich, dass unsere Existenz in vielerlei Hinsicht abhängig ist?
- Das Leben will sich entfalten und hat dennoch den Tod vor sich: Wie Brot und Wein dem Leben dienen, aber zugleich wie Speise und Trank zum Vergehen bestimmt sind, deuten sie auf das vergängliche Sein des Menschen hin.
- Menschsein verwirklicht sich in Gemeinschaft: Brot und Wein sind eine Einladung, Gemeinschaft zu feiern.

6.3.2 Das Eucharistische Hochgebet

„Nun beginnen Mitte und Höhepunkt der ganzen Feier: das Eucharistische Hochgebet selbst, das heißt, das Gebet der Danksagung und der Heiligung. Der Priester lädt das Volk ein, die Herzen zum Herrn in Gebet und Danksagung zu erheben und vereint es mit sich in jenem Gebet, das er im Namen der ganzen Gemeinschaft durch Jesus Christus im Heiligen Geist an Gott den Vater richtet. Sinn dieses Gebetes aber ist es, dass die ganze Versammlung der Gläubigen sich mit Christus im Lobpreis der großen Taten Gottes und in der Darbringung des Opfers verbindet. Das Eucharistische Hochgebet verlangt, dass alle es ehrfürchtig und schweigend anhören" (GROM 78).

Das Hochgebet kann in fünf Schwerpunkte gegliedert werden:

1. Präfation mit Sanctus,
2. Bitte um den Heiligen Geist um Wandlung der Gaben (Epiklese),
3. Einsetzungsbericht mit dem Gedächtnisgebet (Anamnese),
4. Bitte um Gemeinschaft im Heiligen Geist,
5. Doxologie mit der Erhebung der Gaben.

Das Erste Hochgebet hat eine eigene Gliederung, bei der zwei fürbittende Gebete (Interzessionen) vor dem Einsetzungsbericht stehen und zwei nach ihm; doch stimmen die Inhalte mit den übrigen Hochgebeten überein.

1. *Präfation mit Sanctus*

Die Einladung zum Danken

Mit der Präfation beginnt das Eucharistische Hochgebet. Sie wird mit einem Aufruf des Priesters zum Danksagen eingeleitet: „Lasset uns danken dem Herrn, unserem Gott!" Das gläubige Volk stimmt diesem Aufruf zu und bekräftigt ihn mit den Worten „Das ist würdig und recht." Offensichtlich wegen seiner Bedeutung wird dieser Aufruf sorgfältig vorbereitet, zunächst mit dem Wunsch um die Gegenwart des Herrn: „Der Herr sei mit euch." Ebenso geht die Aufforderung „Erhebet die Herzen!" voraus, die nichts anderes bewirken soll, als jetzt mit ganzer Aufmerksamkeit und Hingabe dabei zu sein. Die Gläubigen antworten „Wir haben sie beim Herrn." Diese selbstbewusste Bestätigung der priesterlichen Aufforderung soll der Wirklichkeit entsprechen!

Gebet in Gemeinschaft

Durch diese auffallende Einleitung der Präfation wird deutlich gemacht, dass der Priester das Hochgebet im Namen und im Auftrag der versammelten Gemeinde und daher immer in der Wir-Form spricht. Die Gemeinde stimmt einige Male in das priesterliche Gebet ein und beschließt es. Das *Wir* als Ausdruck der Gemeinschaft wird nur unterbrochen, wenn der Priester im Einsetzungsbericht im Namen Jesu spricht. Eine weitere Ausnahme ist in einem Gebet im Ersten Hochgebet gegeben, wenn der Priester im eigenen und im Namen der Konzelebranten betet: „Auch uns, deinen sündigen Dienern, die auf deine reiche Barmherzigkeit hoffen, gib Anteil und Gemeinschaft mit deinen heiligen Aposteln und Märtyrern ... und mit allen deinen Heiligen; wäge nicht unser Verdienst, sondern schenke gnädig Verzeihung und gib uns mit ihnen das Erbe des Himmels." Ein bescheidenes Gebet der Priester für sich selbst!

Immer und überall danken

Der Aufruf zur Danksagung findet in der folgenden Präfation seine logische Fortsetzung: „Es ist in Wahrheit würdig und recht, dir immer und überall zu danken." Vorzüglich gilt der Dank für alles, was Gott in der Geschichte des Heils vor allem durch Jesus Christus für uns getan hat und in dieser Feier auf neue Weise zur Wirklichkeit wird. Dennoch wird der Dank nicht auf die Eucharistie eingeschränkt. Wenn der Mensch in seinem Leben ein vielfach Beschenkter ist, soll dies auch an dieser Stelle bewusst werden. Darum können bei Kindermessen und bei Messen kleiner Gemeinschaften an dieser Stelle Dankmotive aus dem täglichen Leben eingefügt werden. Dies ist ein deutlicher Hinweis, dass der Dank in der Eucharistie umfassender sein will, nicht nur die besondere eucharistische Handlung betrifft, sondern das alltägliche Leben einbezieht.

Bedenken als Grund für das Danken

Die eucharistische Handlung als Gedächtnisfeier hat ihren Höhepunkt im Einsetzungsbericht und in der Anamnese. Doch wird dieses Gedächtnis in einer überaus vielfältigen Weise in den Präfationen und im Gebet nach dem Sanctus vorbereitet. In den etwa 100 Präfationen wird eine Fülle von Inhalten genannt: Die Präfationen für die Sonntage und Wochentage beinhalten Aussagen, die das gesamte Heilswerk kurz zusammenfassen; zahlreiche Präfationen beziehen sich auf die Feste des Kirchenjahres mit der Nennung des Festinhaltes; viele Präfationen gelten dem Wirken Gottes im Leben der Heiligen oder greifen bestimmte

Anlässe auf, in denen eine Beziehung zu Christus hergestellt wird; bei Totenmessen wird an die Hoffnung auf ewiges Leben erinnert. Durch die lobpreisende Nennung der Heilsereignisse oder des Wirkens Gottes wird der Dankcharakter nicht gemindert, sondern begründet und entsprechend verstärkt. Das Bedenken dessen, was Gott für uns getan hat, soll hinführen zum Bedanken.

Sanctus und Benedictus

Die Präfation endet mit einem Aufruf an die versammelte Gemeinde, in den himmlischen Lobpreis der Engel und Heiligen einzustimmen und greift diese Einladung im Sanctus auf. Das Benedictus schließt sich unmittelbar an und ist eng mit dem Sanctus verbunden:

„Heilig, heilig, heilig Gott, Herr aller Mächte und Gewalten.
Erfüllt sind Himmel und Erde von deiner Herrlichkeit. Hosanna in der Höhe.
Hochgelobt sei, der da kommt im Namen des Herrn.
Hosanna in der Höhe."

So wird im Sanctus die feiernde Gemeinde in das priesterliche Gebet einbezogen und mit der Huldigung der Engel und Heiligen verbunden. Der enge Raum der Versammlung weitet sich, eine Trennwand wird durchbrochen, Himmel und Erde werden eins. Der oft armselige Lobpreis des sündigen Menschen schließt sich dem vollendeten Lobpreis der Engel und Heiligen an, die ständig in Lobpreis und Danksagung vor Gottes Angesicht stehen.

Während das Sanctus sich an Gott Vater richtet, wird im Benedictus Christus als der in der Eucharistie „im Namen des Herrn“ Kommende gepriesen. Er wird vom Vater gesandt und von uns willkommen geheißen. Christus hat ja versprochen: „Mein Vater gibt euch das wahre Brot vom Himmel“ (Joh 6,32). So ist die Eucharistie letztlich Gabe des Vaters, die uns durch, mit und in Christus vermittelt wird.

Wir lobpreisen mit den alttestamentlichen Worten des Sanctus den heiligen Gott, im Benedictus loben wir den Mittler Jesus Christus, der uns als das Brot vom Himmel geschenkt wird.

In den mehrstimmigen Vertonungen bilden Sanctus und Benedictus einen musikalischen Höhepunkt. Sie mögen sich manchmal schwer in den Ablauf der Liturgie einfügen und den vorgesehenen Rahmen sprengen; die Komponisten haben den Gehalt der beiden Stücke als Danksagung und Lobpreis sehr wohl verstanden und vermitteln dies dem Zuhörer auf ihre Art und Weise.

Auf das Sanctus und Benedictus folgen Gebetsabschnitte, die wiederum die Heiligkeit Gottes nennen oder nochmals Gedächtniselemente aufgreifen und zur Bitte um den Heiligen Geist überleiten. Am Sonntag und an besonderen Festtagen wird der Grund der sonntäglichen Versammlung oder der Feier eines Festes in prägnanter Form eingefügt. So lautet der Einschub an Weihnachten: „Darum kommen wir vor dein Angesicht und feiern in Gemeinschaft mit der ganzen Kirche die hochheilige Nacht, in der Maria in unversehrter Jungfräulichkeit der Welt den Erlöser geboren hat.“

Eine Besonderheit bietet das Vierte Hochgebet, bei dem in der Präfation und nach dem Sanctus die Heilsgeschichte von der Erschaffung der Welt bis zur Menschwerdung Jesu, aber auch sein Leben, Sterben, Auferstehen und die Vollendung der Erlösung in der Geistsendung lobpreisend genannt werden.

2. Bitte um den Heiligen Geist um Wandlung der Gaben: „Epiklese"

Als Epiklese wird die Herabrufung des Heiligen Geistes bezeichnet. Vor dem Einsetzungsbericht bittet der Priester im Namen der Gemeinde den himmlischen Vater um den Heiligen Geist, damit dieser die Gaben verwandle: „Sende deinen Geist auf diese Gaben herab und heilige sie, damit sie uns werden Leib und Blut deines Sohnes, unseres Herrn Jesus Christus" (2. HG, ähnliche Formulierungen in den anderen Hochgebeten). Die Verwandlung der Gaben, die erbeten wird, ist also ausdrücklich Werk des Heiligen Geistes. Er führt weiter, was Jesus beim Letzten Abendmahl begonnen hat. Der Priester erfüllt dabei nur seinen Dienst!

3. Einsetzungsbericht mit dem Gedächtnisgebet: „Anamnese"

Jesu Hingabe am Kreuz dauert fort

Das Gedächtnis hat seine dichteste Gestalt in dem schlichten Bericht von der Einsetzung der Eucharistie beim Letzten Abendmahl, das Jesus mit seinen Jüngern gehalten und dabei die Hingabe seines Lebens am Kreuz vorausgenommen hat. Dieser Bericht ist

Mitte und Höhepunkt des Hochgebetes und darf nicht isoliert gesehen werden, vielmehr wird er in Gebeten vorbereitet und anschließend gedeutet und bleibt selbst Gebet, was vor allem im Römischen Kanon deutlich wird (Jesus „erhob die Augen zum Himmel, zu dir, seinem Vater, dem allmächtigen Gott, sagte dir Lob und Dank"). Wie der Gipfel eines Berges nicht für sich allein bestehen kann, sondern vom Bergmassiv getragen wird, so wird auch der Einsetzungsbericht vom Hochgebet getragen. Der Rahmen des Berichtes ist in den einzelnen Hochgebeten verschieden, die Worte Jesu lauten immer gleich. Ebenso wird in jedem Hochgebet auf je verschiedene Weise der Termin des Abendmahles genannt: „die Nacht, in der er verraten wurde". In jedem Bericht wird auch erwähnt, dass Jesus seinem himmlischen Vater Dank sagte. Damit kann unser Dank in den unendlich größeren Dank Jesu eingebunden werden.

Mit den Stiftungsworten wird vollzogen, was Jesus aufgetragen hat: „Nehmet und esset alle davon: Das ist mein Leib, der für euch hingegeben wird" – „Nehmet und trinket alle daraus: Das ist der Kelch des Neuen und Ewigen Bundes, mein Blut, das für euch und für alle vergossen wird zur Vergebung der Sünden. Tut dies zu meinem Gedächtnis." Der Priester spricht die Worte Jesu und ahmt sein Handeln nach: Er nimmt ebenso das Brot und den Kelch mit Wein in seine Hände. Nachdem er die Worte Jesu gesprochen hat, zeigt er die Gaben dem Volk und verehrt sie anschließend durch eine Kniebeuge, weil sie nun verwandelt sind in Leib und Blut Christi.

Jesu Worte „Tut dies zu meinem Gedächtnis" enthalten den Auftrag, durch dieselben Worte und Handlungen seiner zu gedenken. Er übergibt damit die Eucharistie den Aposteln und in ihrer Nachfolge der Kirche, „um dadurch das Opfer des Kreuzes durch die Zeiten hindurch fortdauern zu lassen und so der Kirche, seiner geliebten Braut, eine Gedächtnisfeier seines Todes und seiner Auferstehung anzuvertrauen" (SC 47). Der Raum, in dem Jesus das Letzte Abendmahl gefeiert hat, weitet sich gleichsam, um die Christen aller Zeiten und in aller Welt in das Geschehen einzubeziehen.

An diesem Höhepunkt stimmt das Volk auf den Ruf des Priesters hin „Geheimnis des Glaubens" in das Geschehen ein: „Deinen Tod, o Herr, verkünden wir, und deine Auferstehung preisen wir, bis du kommst in Herrlichkeit." Dieser Ruf ist Gedächtnis an das Vergangene und Hoffnung auf das Künftige, jene zentralen Heilsereignisse, die durch das Wirken des Heiligen Geistes zur Gegenwart geworden sind. Zugleich ist die Zustimmung der versammelten Gemeinde zum Geschehenen eine gemeinsame Proklamation ihres Glaubens.

Gedächtnisgebet: „Anamnese"

Was im Einsetzungsbericht geschehen ist, wird im nachfolgenden Gedächtnisgebet, der sogenannten *„Anamnese"*, ausgedeutet. Bei der Vielzahl der Hochgebete bietet sich das Zweite Hochgebet als Grundlage für sein Verständnis an: Es bringt die wesentlichen Aussagen in die kürzeste Form und ist zugleich der älteste uns überlieferte Text. In den übrigen Hochgebeten werden dieselben Aussagen entfaltet.

„Darum, gütiger Vater, feiern wir das Gedächtnis des Todes und der Auferstehung deines Sohnes und bringen dir so das Brot des Lebens und den Kelch des Heiles dar. Wir danken dir, dass du uns berufen hast, vor dir zu stehen und dir zu dienen."

Das Gedächtnisgebet wird eingeleitet mit „Darum", wodurch die enge Verbindung mit dem Auftrag Jesu zum Gedächtnis hergestellt wird. Während aber im Einsetzungsbericht erzählt wird, was Jesus beim Letzten Abendmahl gesprochen und getan hat, wird dessen Inhalt in der Anamnese als Gebet an den himmlischen Vater gedeutet.

Im lateinischen Text sind die beiden oben in deutscher Übersetzung zitierten Sätze in einen zusammengefasst, der folgendermaßen strukturiert ist:

Memores (Gedächtnis feiernd),
offerimus (bringen wir dar),
gratias agentes (danksagend).

Diese dichten Aussagen im lateinischen Original hat man im Deutschen der Verständlichkeit halber auf zwei Sätze aufgeteilt. In diesem kurzen Text wird eine Handlung genannt, nämlich die *Darbringung* der Gaben, und zwei Haltungen erwähnt: das *Gedächtnis* an das Heilswerk Jesu Christi und der *Dank* an den himmlischen Vater. Indem Priester und Gemeinde Gedächtnis halten, bringen sie mit Dank die Gaben dar.

Im Zweiten Hochgebet wird als Grund des Dankes die Berufung zum christlichen Glauben erwähnt: „Wir danken dir, dass du uns berufen hast, vor dir zu stehen und dir zu dienen." Deshalb versammeln sich Christen immer wieder, werden sich dabei der unverdienten Berufung bewusst und drücken dies im Dank mit Worten und durch die Darbringung der Gaben aus.

In der priesterlichen Anamnese werden immer der Tod und die Auferstehung Jesu als die zentralen Inhalte des Gedächtnisses genannt. Diese werden in den verschiedenen Hochgebeten erweitert durch das Gedächtnis an die Himmelfahrt (1. HG), durch die Himmelfahrt und die Wiederkunft (3. HG), durch sein Hinabsteigen zu den Vätern, die Himmelfahrt und das Warten auf sein Kommen in Herrlichkeit (4. HG). Letztlich schließen diese Heilsereignisse das ganze Leben Jesu ein. Die Eucharistie ist so das *Herrenmahl* der Urkirche, das die versammelte Gemeinde als Gedächtnis an den Herrn feiert.

Die Darbringung der Gaben

Die Handlung, die in der Anamnese genannt wird, ist die Darbringung der Gaben: „Wir bringen dir das Brot des Lebens und den Kelch des Heiles dar." Was im Zweiten Hochgebet nur schlicht ausgedrückt wird, das wird in den anderen Hochgebeten breiter formuliert: „So bringen wir aus den Gaben, die du uns geschenkt hast, dir, dem erhabenen Gott, die reine, heilige und makellose Opfergabe dar" (1. HG). „So bringen wir dir mit Lob und Dank dieses heilige und lebendige Opfer dar" (3. HG). „So bringen wir seinen Leib und sein Blut dar, das Opfer, das dir wohlgefällt und der ganzen Welt Heil bringt. Sieh her auf die Opfergabe, die du selber deiner Kirche bereitet hast" (4. HG). Der Dank im Wort wird damit zum Dank mit einer Gabe.

Mit einer Gabe zu danken ist ein urmenschliches Bedürfnis: Ist man jemandem zu besonderem Dank verpflichtet oder will man jemanden besonders ehren, begnügt man sich nicht mit Worten allein, es wird zugleich ein Geschenk überreicht. Was wäre in einer Familie die Feier der Geburtstage, des Muttertages oder des Weihnachtsfestes ohne Geschenke? Es kommt dabei nicht auf die Kostbarkeit der Geschenke an, sondern auf die Gesinnung, in der sie gegeben werden, denn auch die kostbarste Gabe kann die Liebe nicht ersetzen. Dürfen wir Gott nicht auch menschlich begegnen und ihm menschlich danken, also nicht nur mit Worten, sondern auch mit einer Gabe? Aber worin besteht unsere Gabe? Was können wir ihm aus unserem Bereich schenken, außer unserer schwachen Selbsthingabe? Er legt selbst in Brot und Wein eine kostbare Gabe, den Leib und das Blut Jesu Christi, in unsere Hände, sodass wir eine dem Vater im Himmel annehmbare Gabe haben.

Von deinen Gaben bringen wir dar

Weil die Hingabe Jesu an den Vater in Brot und Wein fortdauert, können wir den Vater bitten: „Sieh her auf die Opfergabe, die du selbst deiner Kirche bereitet hast.“ Die Kirche, konkret die versammelte Gemeinde, erfährt sich in der kostbaren Gabe überreich beschenkt und schuldet dafür höchsten Dank. Der Priester kann im Namen der versammelten Gläubigen dem himmlischen Vater nur darreichen, was er uns in die Hände gelegt hat und sagen: *Wir bringen dar.* Damit aber ist das

Darreichen dieser Gabe nicht mehr eine selbstständige Leistung oder gar ein selbstständiges Opfer, sondern Ausdruck eines geschuldeten Dankes.

Der Name *Eucharistie* ist daher ein sehr treffender Name für dieses Tun, weil darin zum Ausdruck kommt, dass Gott zuerst handelt und uns in seiner Liebe seinen Sohn schenkt und unsere Darbringung der Gaben als Dank dadurch zur geschuldeten Reaktion wird. Nur in diesem Sinn können wir von einem *Opfer der Kirche* sprechen. Die Messe als Eucharistie verstanden ist auch die Basis, auf der es eine ökumenische Gemeinsamkeit im Verständnis der Messe als *Opfer* geben kann.

Josef Andreas Jungmann hat die Darbringung der Gaben in einfacher Sprache beschrieben: „Nur Christus allein tritt in eigenem Namen vor Gott hin, und er allein tritt mit einem Opfer vor Gott hin, das er nicht anderswoher empfangen hat: mit seinem eigenen Blut betritt er das Heiligtum des Himmels, mit dem einzigen Opfer, das vor Gott wirklich bestehen kann. So erschien er auch als der einzige wirkliche Priester; alle andern, die im christlichen Gottesdienst eines Amtes walten, sind nur seine Organe, und sie haben auch keine eigenen Opfer darzubringen, sondern sie können nur immer wieder das eine einmalige Opfer der göttlichen Majestät darbieten, das er dargebracht hat und das er durch ihren Dienst aufs neue darbringt. So hat sich für das Denken der ältesten christlichen Generationen das Priestertum Christi gewaltig abgehoben von jedem anderen priesterlichen Wirken in der Kirche.“

Sich selber darbringen

Es ist entscheidend, ob sich mit der fortdauernden Hingabe Jesu für uns auch unsere Hingabe an ihn verbindet. Das Zweite Vatikanische Konzil sagt dazu: „Sie (die Gläubigen) sollen Gott danksagen und die unbefleckte Opfergabe darbringen nicht nur durch die Hände des Priesters, sondern gemeinsam mit ihm und dadurch sich selber darbringen lernen" (SC 48). Ausdrücklich wird hier ein Lernprozess angesprochen: Durch die ständige Wiederholung der Messe sollen wir mehr und mehr dazu befähigt werden, die Hingabe Jesu zu bedenken und uns mit ihr zu verbinden. „Dieses Selbstopfer der Kirche ist die eigentliche Bestimmung, der das eucharistische Geheimnis dienen soll" (Josef Andreas Jungmann).

Wir sind doch vor dem himmlischen Vater wie unmündige Kinder, die alles von ihren Eltern haben, ihnen dafür dankbar sind und dies bei besonderen Gelegenheiten auch sagen und zeigen. Sie bemühen sich, auch ein Geschenk zu geben, das aber keineswegs selbst verdient ist, sondern geschenkt wurde. Ein selbstverständlicher Vorgang, wodurch in der Familie die Zusammengehörigkeit und das Füreinander bewusst und gefestigt werden.

Der gläubige Christ soll sich seiner Würde bewusst sein: In der Taufe wurde die Teilhabe am göttlichen Leben als Gnade grundgelegt. Im Hochgebet der Messe können wir den dafür geschuldeten Dank immer wieder verwirklichen. Dabei sollen wir bedenken, dass uns Jesus Christus den Zugang zu dieser Gnade erschlossen hat, vor allem durch seinen Tod und seine Auferstehung. Diese Teilhabe am göttlichen Leben birgt aber auch die sichere Hoffnung in sich, dass unser Leben nicht ins Leere geht, sondern im ewigen Leben sein Ziel hat. Damit befinden wir uns im Hochgebet ganz und gar mitten in unserem christlichen Leben.

„Herr, gib, dass wir das Geheimnis des
Altares ehrfürchtig feiern;
denn sooft wir die Gedächtnisfeier dieses
Opfers begehen,
vollzieht sich an uns das Werk der Erlösung."

Gabengebet der Abendmahlsmesse
am Gründonnerstag

4. Gemeinschaft im Heiligen Geist

Bereits im Hochgebet wird im Gebet nach der Anamnese deutlich ausgesprochen, worauf die Eucharistie abzielt und was sie bewirken will: „Schenke uns Anteil an Christi Leib und Blut und lass uns eins werden durch den Heiligen Geist" (2. HG). Dieselbe Wirkung wird in den anderen Hochgebeten mit ähnlichen Worten wiedergegeben: „Wenn wir durch unsere Teilnahme am Altar den heiligen Leib und das Blut deines Sohnes empfangen, erfülle uns mit aller Gnade und allem Segen des Himmels" (1. HG); „Stärke uns durch den Leib und das Blut deines Sohnes und erfülle uns mit seinem Heiligen Geist, damit wir ein Leib und ein Geist werden in Christus" (3. HG); „Gib, dass alle, die Anteil erhalten an dem einen Brot und dem einen Kelch, ein Leib werden im Heiligen Geist, eine lebendige Opfergabe in Christus zum Lob deiner Herrlichkeit" (4. HG). So wird mit verschiedenen Worten bereits im Hochgebet gesagt, was im Kommunionteil vollzogen wird.

Die Eucharistie verwirklicht Kirche

In diesen Bitten der Hochgebete wird die Anteilnahme am Leib und Blut Christi erbeten und durch ihren Empfang als bleibende Gabe der Heilige Geist geschenkt. Er ist das *einende Band zwischen Vater und Sohn,* der auch uns einbindet in den dreifaltigen Gott, aber auch die Gläubigen zu einer Einheit zusammenfügt. Damit vertieft die Eucharistie die Verbundenheit in der Gemeinschaft der Kirche, die in der Taufe grundgelegt wurde.

Im Gabengebet des Fronleichnamsfestes wird diese Gemeinschaft stiftende Wirkung der Eucharistie treffend angesprochen: „Herr, unser Gott, wir bringen das Brot, das aus vielen Körnern bereitet, und den Wein, der aus vielen Trauben gewonnen ist. Schenke deiner Kirche, was die Gaben geheimnisvoll bezeichnen: die Einheit und den Frieden." Daher gibt es kein kirchliches Tun, in dem sich Kirche mehr verwirklicht und wo sie tiefer erfahren werden kann als in der Teilhabe an dem *einen* Brot und dem *einen* Kelch.

Die Bitten im Hochgebet

In den folgenden Bitten des Hochgebetes, den Interzessionen, wird die Gemeinschaft stiftende Wirkung der Eucharistie weitergeführt und die feiernde Gemeinde mit der universalen Kirche auf Erden, mit den Heiligen im Himmel und mit den Verstorbenen im Reinigungsort verbunden. (Wie schon erwähnt, sind im ersten Hochgebet die Interzessionen auf zwei Teile vor und nach dem Einsetzungsbericht aufgeteilt.) Damit weitet sich das Beten der Gemeinde; sie schließt die

Gemeinschaft der Kirche auf Erden, deren verstorbene Glieder und die vollendete Kirche im Himmel in ihr Gebet ein.

Beim Gebet für die Kirche werden zusammen mit dem Volk Gottes im Besonderen der Papst und der Ortsbischof als deren Repräsentanten mit Namen genannt, aber auch die Priester, Diakone und Mitarbeiter im pastoralen Dienst werden eigens erwähnt. Es wird um Vollendung in der Liebe (vgl. 2. HG), um Schutz für die Kirche auf ihrem Weg durch die Zeit, aber auch um Frieden und Heil für die ganze Welt (vgl. 3. HG) gebetet.

Die Bitte für die Verstorbenen ist vielen Gläubigen ein großes Anliegen, weil sie dabei an die Angehörigen, an verstorbene Freunde und Bekannte oder an die vor kurzem Verstorbenen denken. Bei Begräbnismessen wird dieser Gebetsabschnitt erweitert.

Schließlich werden die Heiligen erwähnt, angeführt von der Jungfrau und Gottesmutter Maria und ihrem Bräutigam, dem heiligen Josef. Dabei können die Heiligen des Tages oder der Patron der Kirche oder die Gründer einer Ordensgemeinschaft eingefügt werden.

In der Osternacht, bei Taufen, Firmungen und Trauungen, wenn diese Sakramente innerhalb der Messe gespendet werden, sind dazu noch eigene Gebetseinschübe vorgesehen. Da es sich bei den Interzessionen nicht um zentrale Inhalte des Hochgebetes handelt, können sie bei gegebenem Anlass aktualisiert und Anliegen allgemeiner Art aufgegriffen werden, wie dies in den Gebeten selbst angedeutet ist. Sie sollen aber keine Verdoppelung der Fürbitten sein.

5. Doxologie mit der Erhebung der Gaben

Die Darbringung der Gaben wird am Ende des Hochgebetes durch die Doxologie feierlich abgeschlossen: „Durch ihn und mit ihm und in ihm ist dir, Gott, allmächtiger Vater, in der Einheit des Heiligen Geistes alle Herrlichkeit und Ehre jetzt und in Ewigkeit. Amen.“ In dieser dreifachen Lobpreisung des Vaters, die der Priester im Namen der Gemeinde spricht, wird die besondere Stellung Christi, die er in der versammelten Gemeinde einnimmt, deutlich: Er ist ihr Mittler (Priester) zum Vater und deshalb dankt die Gemeinde *durch ihn*; er ist Mensch geworden und mit uns zutiefst verbunden, deshalb dankt die Gemeinde *mit ihm*; er ist das Haupt der Kirche und *in ihm* sind wir Glieder an seinem Leib.

In dieser dreifachen Verbundenheit mit Jesus Christus wird dem Vater im Himmel Herrlichkeit und Ehre entgegengebracht. Dies geschieht „in der Einheit des Heiligen Geistes“. Damit ist die Einheit im dreifaltigen Gott angesprochen, die durch denselben Heiligen Geist ebenso in der versammelten Gemeinde verwirklicht werden soll.

Während der Doxologie hebt der Priester im Namen der Gemeinde die Gaben von Brot und Wein empor, dem himmlischen Vater entgegen. Wir stehen nicht mit leeren Händen vor Gott; doch er selbst hat sie uns mit den verwandelten Gaben von Brot und Wein gefüllt. Wie schon angeführt, geschieht in der Doxologie, was Origenes gesagt hat: „Wir sind nicht Menschen mit undankbaren Herzen ... Das Zeichen dieser Dankbarkeit gegen Gott ist das Brot, das man Eucharistie nennt.“

In der Doxologie erreicht das Hochgebet als Lobpreisung und Danksagung seinen Höhepunkt. Das Volk stimmt mit dem *Amen* ausdrücklich zu. „Wer *Amen* sagt, gibt seine Unterschrift", schreibt Augustinus.

Die Doxologie ist eine letzte Bitte an den Vater im Himmel: „Schau gütig auf die Gabe deiner Kirche. Denn sie stellt dir das Lamm vor Augen, das geopfert wurde und uns nach deinem Willen mit dir versöhnt hat" (3. HG).

6.3.3 Die Kommunion

Im Kommunionteil, dem dritten Schwerpunkt des eucharistischen Teils der Messe, steht die Gemeinschaft im Heiligen Geist im Mittelpunkt.

Schon vom Beginn der Messe an bilden die Gläubigen eine *Gemeinschaft,* die im gemeinsamen Beten und Singen ihren Ausdruck findet und durch das Wort Gottes zur *Gesinnungsgemeinschaft* vertieft wird. Die Gemeinschaft wird aber vollendet in der Eucharistie: Brot und Wein werden im Hochgebet zur geistlichen Speise und zum geistlichen Trank, um uns in der Kommunion zur *Lebensgemeinschaft* mit Christus und untereinander zu führen. Der Herr selbst ist es, der uns eint: „*Ein* Brot ist es, darum sind wir alle *ein* Leib; denn wir alle haben teil an dem *einen* Brot" (1 Kor 10,17). Die Eucharistie geht über in das gemeinsame Mahl.

Die Vorbereitung auf die Kommunion

Die Teilnahme an der Kommunion wird sorgfältig vorbereitet durch vier Gebete und Handlungen, in denen die Gemeinschaft mit Christus und untereinander betont wird.

Vater unser

Jesus hat uns aufgefordert, Gott unseren Vater zu nennen. Im *Vater unser* stehen wir gemeinsam als Kinder vor dem himmlischen Vater und beten zu ihm, wie uns Jesus zu beten gelehrt hat. Dieses Gebet greift einerseits den Lobpreis Gottes auf und bildet damit eine Brücke zum Hochgebet, andererseits hat es die Nöte des bedürftigen und sündigen Menschen zum Inhalt. Die Brotbitte, mit der auch die hungernden Menschen auf der Welt in den Blick kommen sollen, kann man auch auf das eucharistische Brot beziehen.

Friedensgebet und Friedensgruß

Der Friedengruß wird durch ein Gebet mit der Bitte eingeleitet, Jesus Christus möge doch nicht auf unsere Sünden schauen, die von Gott und voneinander trennen, sondern auf den Glauben der Kirche, in dem die versammelte Gemeinde geeint ist. Der Friedensgruß ist in der römischen Liturgie vor der Kommunion angesetzt und hat daher vorbereitende Funktion. Wer durch die Teilnahme an dem *einen* Brot und dem *einen* Kelch in die Gemeinschaft mit Christus und durch ihn mit den Gläubigen eingefügt werden will, soll diese Gemeinschaft zuerst untereinander bezeugen und den Frieden Christi weiterschenken, den der Priester der versammelten Gemeinde wünscht, bevor er zum Friedensgruß auffordert.

Brotbrechung

Die Brotbrechung ist meistens auf die eine größere Hostie, die für den Priester bestimmt ist, reduziert; es wäre aber wünschenswert, sie durch das Brechen vieler Hostien zu erweitern. Dadurch würde die Symbolik des Brotteilens zum Tragen kommen, nochmals ein deutliches Zeichen der Gemeinschaft gesetzt werden und an das Letzte Abendmahl erinnern, bei dem Jesus das Brot brach und es den Jüngern reichte. *Brotbrechen* ist doch der erste Name der Eucharistie in der Urgemeinde!

Agnus Dei

Das Agnus Dei ist der Begleitgesang zur Brotbrechung. Das unschuldige Lamm ist bei Jesaja (vgl. Jes 53,7) Symbol für den Knecht Gottes, der sein Leben hingibt und durch seinen Tod die Sünde der Welt hinwegnimmt. In diesem Verständnis kann der Text „Lamm Gottes, du nimmst hinweg die Sünde der Welt: erbarme dich unser“ als Bitte um Vergebung der Sünden und damit als Vorbereitung auf einen würdigen Empfang der Kommunion gesehen werden.

Austeilung der Kommunion

Der Priester zeigt das geteilte Brot (und den Kelch mit Wein) dem Volk, greift dabei dieselbe Thematik auf, aber mit den Worten, die Johannes dem Täufer in den Mund gelegt werden (Joh 1,29): „Seht das Lamm

Gottes, das hinwegnimmt die Sünde der Welt." Das Volk antwortet mit den ein wenig veränderten Worten des Hauptmanns von Kafarnaum (Mt 8,8): „Herr, ich bin nicht würdig, dass du eingehst unter mein Dach, aber sprich nur ein Wort, so wird meine Seele gesund." Das demütige Verhalten des Hauptmanns, der Jesus von einem Besuch in seinem Haus abhält, wird zum Vorbild für eine demütige Gesinnung der Gläubigen. Dabei war der Hauptmann doch ein selbstbewusster Mann, der zwar zu gehorchen hatte, aber auch zu befehlen wusste. So soll sich auch der Christ seiner Würde bewusst sein, aber dennoch bedenken, dass er sündig ist. Er ist von Jesus Christus selbst eingeladen, sein Fleisch zu essen und sein Blut zu trinken (vgl. Joh 6,53–57) und ist von ihm gewürdigt worden, dieses Angebot anzunehmen.

Vorausnahme des himmlischen Mahles

Während im Messbuch für das deutsche Sprachgebiet der Priester dem „Herr, ich bin nicht würdig ..." ein kurzes Wort, das sich auf die Eucharistie bezieht, anfügen kann, geht im Römischen Messbuch dem Bekenntnis des Hauptmanns immer der Hinweis voraus: „Selig, die zum Hochzeitsmahl des Lammes geladen sind." Diese Worte aus der Offenbarung (vgl. Offb 19,9) sind eine Einladung zum ewigen Hochzeitsmahl im Himmel, für das die Teilnahme an der Kommunion nur ein Schatten und ein Vorgriff ist. Im Himmel wird das geopferte und verherrlichte Lamm die Mitte der heiligen Stadt sein und endgültig werden selig sein, die jetzt schon am Hochzeitsmahl des Lammes teilnehmen dürfen. Die Messe wird in der Kommunion zur beglückenden

Verheißung: Die Gemeinschaft, die im Versammeln beginnt und durch das Wort geformt wird, wird im sakramentalen Mahl vertieft und zur Vorausnahme der himmlischen Vollendung.

So wird die Teilnahme an der Kommunion zur Erinnerung an Jesus, der mit sündigen Menschen Mahl gehalten hat, zur Verbindung mit dem Letzten Abendmahl vor seinem Tod, zur tieferen Erkenntnis des auferstandenen Herrn, den die Jünger beim gemeinsamen Essen und Trinken erkannt haben, und unter dem Bild des Hochzeitsmahles zur Hoffnung auf die kommende Erfüllung im Reich Gottes.

Die Wirkung von Speise und Trank

Die Eucharistie will neben der Einbindung in die Gemeinschaft wie Speise und Trank wirken. So ist sie Stärkung, damit der Christ die Kraft hat, sein Leben im Geiste Jesu Christi zu gestalten. Sie ist ebenso ein wirksames Mittel, um alltägliche Sünden abzubauen und das Leben der Gnade zu fördern.

Ephräm der Syrer (+ 373) fasst die Wirkung der Eucharistie in einem Gebet an Christus zusammen: „In deinen Sakramenten umfangen wir dich täglich und nehmen dich auf in unseren Leib. Mach uns würdig, an uns selbst die Auferstehung zu erfahren, die wir erhoffen. Durch die Taufe bergen wir in unserem Leibe deinen Schatz. Mehre ihn am Tisch deiner heiligen Geheimnisse. Herr, an deinem Tisch gib uns Freude über deine Gnade. Wir tragen dein Gedächtnis in uns, das wir von deinem geistlichen Tisch empfangen haben. Gib es uns zum vollen Besitz in der kommenden Welt."

Gemeinschaft im Leben

Was in der Kommunion sakramental gefeiert und verwirklicht wird, soll im Leben eingelöst werden. Deshalb soll sie zu größerer Solidarität untereinander und mit allen Menschen führen. Gestörte Beziehungen sollten geheilt und Ungerechtigkeiten überwunden werden. Die Teilnahme am Tisch des Herrn soll auch zum Teilen des täglichen Brotes mit den Hungernden ermutigen und allen Egoismus im Leben der Familien, in Gesellschaft und Politik überwinden helfen. So will Jesus Christus durch die Messe als Gemeinschaft eine wirksame Hilfe sein, um die vielfachen Egoismen unter den Menschen zu überwinden und die Gemeinschaft untereinander zu festigen und damit eine Antwort zu sein auf die Befindlichkeit des Menschen, der sein Leben im *Raum* der Gemeinschaft verwirklichen soll.

Papst Franziskus hat in der Enzyklika „Amoris laetitia" in seiner auf konkrete Verwirklichung ausgerichteten Art geschrieben: „Wer sich dem Leib und dem Blut Christi nähert, kann nicht zugleich diesen selben Leib beleidigen, indem er unter seinen Gliedern empörende Trennungen und Diskriminierungen vollzieht. Es geht tatsächlich darum, den Leib des Herrn zu ‚unterscheiden', ihn glaubend und liebend sowohl in den sakramentalen Zeichen als auch in der Gemeinde zu erkennen, andernfalls zieht man sich das Gericht zu, indem man isst und trinkt" (AL 186).

Dank für die Speise

Der Empfang der Kommunion wird von Gesang begleitet. „Seine Aufgabe ist es, die geistliche Gemeinschaft der Kommunizierenden im einheitlichen Zusammenklang der Stimmen zum Ausdruck zu bringen, die Herzensfreude zu zeigen und den Gemeinschaftscharakter der Prozession zum Empfang der Eucharistie deutlicher sichtbar zu machen“ (GROM 86).

Nach dem Kommunionempfang empfiehlt sich eine Zeit der Stille für das persönliche Gebet, dem ein gemeinsames Danklied oder ein dem Kirchenjahr entsprechender Gesang folgt.

Im Schlussgebet wird für die empfangenen Gaben gedankt und damit der Kommunionteil vom Priester abgeschlossen. In den meisten Schlussgebeten wird um eine Wirkung der Eucharistie im alltäglichen Leben oder auch um die Vollendung des Lebens in der Herrlichkeit Gottes gebeten.

„Guter Hirt, du wahre Speise, Jesus,
stärk uns auf der Reise
bis in deines Vaters Reich.
Nähr uns hier im Erdentale,
ruf uns dort zum Hochzeitsmahle,
mach uns deinen Heil'gen gleich.“

Deinem Heiland
GLÖ 938, 10. Strophe

6.3.4 Der Abschluss der Messe

Der Schluss der Messe ist kurz und soll die Verbindung mit dem täglichen Leben herstellen. In der Feier der Messe ist die versammelte Gemeinde Christus begegnet, sie soll diese Begegnung im täglichen Leben weiterführen. Der Priester kann kurze ermunternde Worte sagen, die sich auf seine Homilie oder andere Inhalte und Wirkungen der Messe beziehen können. Er segnet die Gemeinde im Namen des dreifaltigen Gottes und entlässt sie mit dem Wunsch „Gehet hin in Frieden". Damit wird keineswegs eine Mahnung ausgesprochen, vielmehr sollen die Gläubigen in Jesus Christus bleiben, der unser Friede ist (vgl. Eph 2,14). Diesen Frieden haben sie in der Feier der Messe empfangen und sollen ihn in ihren Alltag hineintragen. Mit einem kurzen „Dank sei Gott, dem Herrn" beschließt die Gemeinde die Versammlung und bestätigt mit diesen Worten, dass sie in der Messe beschenkt worden ist und dafür Dank schuldet.

7.
Pastorale und spirituelle Anliegen

Eine Kurzformel für Pastoral und Katechese

Wenn wir auf unseren Weg zum Verständnis der Messe als Antwort auf die Grundfragen des Menschen zurückblicken, haben uns ständig Dank, Gedächtnis und Gemeinschaft begleitet. Wie könnten wir den reichen Gehalt der Messe auf eine Kurzformel bringen, die für Katechese und Verkündigung geeignet ist und Bedeutung hätte? In vergangenen Zeiten hat man ihn auf die einfache Formulierung gebracht: „Die Messe ist die unblutige Erneuerung des Kreuzesopfers.“ An dieser theologischen Aussage ist nichts falsch, aber sie ist zu eng, kann leicht missverstanden werden und beschränkt sich auf einen Aspekt der Eucharistie, ohne andere Aspekte wie den Wortgottesdienst und die Kommunion zu berücksichtigen. Aber auch die Messe mit einer Kurzformel bloß als Mahl zu bezeichnen schließt ebenso andere Inhalte aus. Dank, Gedächtnis und Gemeinschaft sind eine Einheit und bestimmende Inhalte der ganzen Messfeier. Deshalb könnte eine brauchbare Kurzformel lauten: *Die Messe ist das eucharistische Gedächtnismahl.*

Begründung der Sonntagsmesse

Für die Verkündigung scheint es mir wichtig zu sein, die Teilnahme an der Messe an Sonn- und Feiertagen als Antwort auf die Grundbefindlichkeiten des Menschen zu begründen. Wo gibt es nicht diesbezügliche Fragen und Probleme? Deshalb ist der Christ eingeladen, die Messe regelmäßig, vor allem am Sonntag mitzufeiern, um in ihr Wegweisung, Ermutigung und Hilfe zu erhalten. Er feiert die Messe nicht, weil Gott sie braucht, sondern der Mensch, um aus dem Glauben heraus mit dem täglichen Leben fertig zu werden. Wird nicht oft die Messe gefeiert, ohne das konkrete Leben zu treffen: durch die Auswahl der Gestaltenden und die Gestaltung, durch die Homilie, die nicht das Leben trifft, durch die Fürbitten aus dem Fürbittenbuch, durch das Herbeibringen der Gaben nicht aus dem Raum des Volkes, um nur einige Praktiken zu nennen.

Geprüfter Kommunionempfang

Die Eucharistie als Feier mit Speise und Trank zielt auf die Teilnahme durch Essen und Trinken ab. Mit einigem Bemühen hat man den aus bestimmten Gründen verloren gegangenen Kommunionempfang im vorigen Jahrhundert überwunden und ist der Einladung Jesu durch die häufige Teilnahme an der Kommunion wieder gerecht geworden. Doch bleibt die Mahnung des Apostel Paulus aktuell, nicht ungeprüft daran teilzunehmen: „Denn wer davon isst und trinkt, ohne zu bedenken, dass es der Leib des Herrn ist, der zieht sich das Gericht zu, indem er isst und trinkt" (1 Kor 11,29). Nicht selten kann man erleben, dass der Kommunionempfang eine gesellschaftliche Angelegenheit geworden ist: Man nimmt nie an der Sonntagsmesse teil, aber bei bestimmten Gelegenheiten, z. B. bei Begräbnis- oder Trauungsmessen, geht man selbstverständlich zur Kommunion. Die Selbstprüfung, die Paulus fordert, soll doch bewusster gemacht werden.

Die Taufe erneuern

Durch die fast allgemeine Kindertaufe, die durch das Ende der Volkskirche vermutlich fraglich werden wird, sind sich viele Christen ihrer Taufe ganz und gar nicht bewusst. Umso mehr ist es ein großes Anliegen, bei der Feier der Messe auf die Taufe als das Fundament für die Eucharistie hinzuweisen. Die Tauferneuerung in der Osternacht und ihre oftmalige Wiederholung am Beginn der Sonntagsmesse können zu einem tieferen Taufbewusstsein beitragen. Die Taufe als Anfang des sakramentalen Lebens bedarf einerseits der Fortsetzung und Erneuerung in der Eucharistie, diese darf andererseits nicht von der Taufe abgehoben sein. Ohne ihre bewusste Erneuerung in der Eucharistie bleibt die Taufe wie ein Fundament, auf das nicht aufgebaut wird.

Der Bezug zum dreifaltigen Gott

Der Gott der Christen ist Liebe in dreifaltiger Gemeinschaft. In ihr gründet die Feier der Eucharistie, in der das menschliche Sein in das Leben des dreifaltigen Gottes hineingenommen wird: In die Liebe des Vaters, in den Dank des Sohnes und die Gemeinschaft des Heiligen Geistes. Die Messe ist daher Begegnung mit dem Urgrund allen Seins, dem dreifaltigen Gott. Es ist offensichtlich, dass viele Christen mit dem Glauben an einen dreifaltigen Gott wenig anfangen können. Die Messe bietet in vielerlei Hinsicht die Möglichkeit, unsere Existenz als Teilnahme am Leben des dreifaltigen Gottes tiefer zu erkennen und beglückend zu feiern. In einer Zeit, in der die Christen mit anderen Gottesvorstellungen konfrontiert werden, ist die bewusste Begegnung mit dem dreifaltigen Gott in der Feier der Eucharistie als ein Mehrwert des christlichen Glaubens von großer Bedeutung.

Vorausnahme des ewigen Lebens:
„Selig, die zum Hochzeitsmahl des Lammes geladen sind“

… in ewiger Gemeinschaft

Gemeinschaft, die für den Menschen beglückend ist, wird in der *Gemeinschaft der Heiligen,* die wir im Glaubensbekenntnis bekennen, vollendet. Dort gibt es keine Trennung mehr, sondern nur immerwährende und erfüllende *Einheit im Heiligen Geist.* Die Feier der Messe in Gemeinschaft ist Vorausnahme und Bereitung der eschatologischen Erfüllung.

… in der Fülle des Lebens

Was der Christ während seines irdischen Lebens in der Messe als Gedächtnis vollzieht, ist die Gewähr, dass sein Leben übergehen wird in das ewige und damit unveränderliche *Leben in Fülle in Jesus Christus.*

... in ewigem Dank

Der Christ glaubt, dass der dreifaltige Gott „die Liebe und der Ursprung des Lebens“ ist. In der Messe feiern wir immer wieder Eucharistie – Danksagung, gleichsam als ein Vorspiel des Dankes im ewigen Leben. Erst dort werden wir voll erkennen, wie die Barmherzigkeit Gottes unser irdisches Leben begleitet und im Übergang zum ewigen Leben gereinigt und vervollkommnet hat. Dann wird der Dank an den Vater in gebührendem Maß endgültig vervielfacht sein.

Die Offenbarung des Johannes schildert in vielen Variationen den himmlischen Dank vor Gott:

„Amen, Lob und Herrlichkeit,
Weisheit und Dank,
Ehre und Macht und Stärke
unserem Gott in alle Ewigkeit. Amen.“

Offb 7,12